Mon carnet sexo

Sous la direction de Catherine Maillard.

Illustrations : © Marion Blanc.
Mandala p. 97 : © Wipavadee Boonyatha.
Maquette et mise en pages : Bénédicte Souffrant – PCA-CMB.

ISBN : 978-2-38578-041-8

www.editions-tredaniel.com
info@guytredaniel.fr
www.facebook.com/tredaniel.bienvivre
@tredaniel_bienvivre

Louise Brunet
Illustrations de Marion Blanc

Mon carnet sexo

INTIME • SPICY • SANS TABOUS

GOOD MOOD DEALER
By EXERGUE

27, rue des Grands-Augustins
75006 Paris

Sommaire

Première partie

Comprendre et accepter

Deuxième partie

Apprendre à m'écouter et à verbaliser

Troisième Partie

Me reconnecter à moi-même

Quatrième partie

Développer mon ancrage sexuel et m'ouvrir à de nouvelles perspectives

Avant-propos

Cher·ère lecteur·rice,

T'es-tu déjà senti·e comme perdu·e dans un domaine de ta vie ? Cette sensation d'être là sans l'être vraiment, de ressentir comme un voile entre toi et les autres, ou pire : entre toi et toi-même. On peut le ressentir à de nombreux moments de sa vie et pour des sujets très différents. Peut-être que la sexualité en est un. Dans la vie, on évolue sans cesse, on apprend, parfois dans la douleur, parfois dans la joie ; on grandit. Notre expérience est formée par la totalité de notre parcours, par nos expériences et celles des autres, par ce qui est perceptible et ce qui ne l'est pas. Nous forgeons notre vie intime tout autant par notre culture, notre environnement, notre éducation que par nos rencontres. Nous nous formons à travers les autres, mais nous formons aussi les autres.

Qu'est-ce qui illustre davantage cette vision de la vie que la sexualité ? Elle est propre à chacun·e de nous de manière unique et pourtant, elle est formée par tout ce qui nous entoure depuis l'enfance, elle ne cesse d'évoluer et de changer à travers nos rencontres et fait partie intégrante de notre vie, de nos pensées, de notre quotidien. Elle est le reflet de nous-mêmes.

Cependant, nous sommes loin d'en prendre soin. Elle est secrète, silencieuse, taboue. Elle s'apprend parfois dans les larmes et dans la douleur alors qu'elle devrait se découvrir dans la bienveillance et dans la douceur. C'est ce que nous allons prendre le temps de faire ensemble : prendre du temps pour soi, prendre du temps pour elle, pour se découvrir et (s')explorer à travers elle. Ne pas parler de sexualité, c'est ne pas parler de soi et parfois, souvent même, il faut regarder un peu à travers soi pour avancer.

Je te souhaite une belle lecture et une belle introspection.

Qui suis-je ?

Non pas que je considère que c'est important – en vérité ça ne l'est pas –, mais toi et moi, on a des choses à se confier avant de commencer. Je m'appelle Louise Brunet, je suis naturopathe spécialisée en intime féminin et en sexothérapie, créatrice du compte @la.feminologie sur les réseaux sociaux et autrice. Peut-être te diras-tu que cela fait beaucoup. Oui, en effet, mais tout est assez lié. J'ai repris des études à 25 ans, en naturopathie, après un parcours dans l'art et, petit à petit, je me suis orientée vers les troubles gynécologiques, puis les sujets plus tabous ; la sexualité n'était jamais loin, j'ai décidé de poursuivre par des études centrées sur la sexualité. Si les réseaux sociaux sont un formidable outil pour partager et échanger, j'ai besoin de plus. Plus d'espace, plus de temps pour exprimer mes idées et développer ce type de sujet.

S'en sont suivis un premier livre (*Intime. Guide de déconstruction des tabous féminins*) puis un deuxième (*50 questions pour tout savoir sur ton intimité*, qui aborde des questions que l'on n'ose pas poser et traite de santé, de sexualité et de sujets de société) disponibles chez Améthyste Éditions.

Que ce soit au cabinet, à travers les réseaux sociaux ou l'écriture, la bienveillance est le maître mot dans mon parcours avec autrui. J'ai une approche globale de la sexualité et de la santé, car je trouve que l'on oublie souvent, dans nos pratiques, qu'un être humain ce n'est pas seulement un corps et un cerveau. C'est aussi son entourage, sa famille, son métier, son quotidien, son vécu, ses peurs et ses joies. Il est essentiel de considérer cela, car chaque individu est unique, et il est nécessaire d'investir du temps pour comprendre cette singularité afin de résoudre un problème et progresser. On oublie aussi parfois que le·la professionnel·le de santé ou le·la consultant·e ont elles et eux aussi leur parcours,

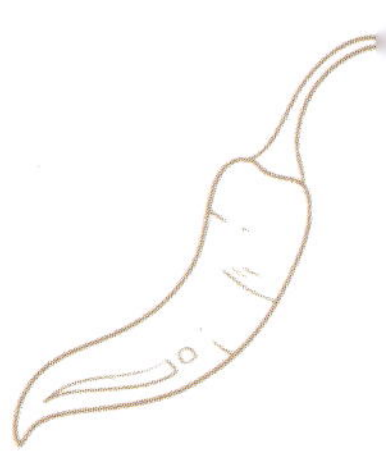

qu'iels sont aussi là avec leur passé, leur entièreté, et que l'échange se fait dans les deux sens. Un échange, un dialogue, une écoute et une compréhension. Partager, transmettre, aider une personne à surmonter une problématique n'est pas qu'un métier, c'est aussi une chance de pouvoir en faire une expérience et en tirer des leçons pour soi-même.

Tu peux suivre mon travail sur les réseaux sociaux via @la.feminologie sur Instagram ainsi que sur la page Facebook du même nom. Tu peux aussi découvrir mes accompagnements en distanciel sur mon site lafeminologie.com.

Pour qui ? Pour quoi ?

J'avais l'envie depuis longtemps de proposer un outil pour soi, un outil d'introspection centré sur la perception par chacun·e de sa sexualité permettant à celles et ceux qui auraient du mal à exprimer leurs ressentis, leurs peurs, leurs envies, ou besoin d'apprendre, de le faire dans un espace bienveillant et sécurisant. J'ai pensé ce carnet comme un objet que je pourrais moi-même avoir envie d'utiliser au quotidien, mêlant des exercices d'introspection profonds, des espaces plus légers et des réflexions. Vois-le comme un support d'exploration sur toi-même et sur ton intimité.

Ce carnet est dédié à tous et à toutes, peu importent le sexe de naissance, le genre, l'orientation sexuelle ou encore la situation amoureuse ; que tu sois homme, femme, non binaire, en couple, célibataire, hétérosexuel·le, polyamoureux·se… Il a été conçu comme un carnet à s'approprier et non comme un livre. Tu auras, quelle que soit ta personnalité, le même livre que ton ou ta voisin·e, mais un journal est unique car il t'est propre. L'idée n'est pas de proposer un ouvrage parfait où tout doit être bien consigné, mais de composer, via des exercices, ton outil personnel. C'est d'ailleurs pour ça que le pronom iel est utilisé dans le carnet !

VOICI QUELQUES CONSEILS POUR L'UTILISER DANS TON QUOTIDIEN

- **Suis le déroulement de ce carnet. L'idée est de développer sa sensibilité et sa réflexion avec des exercices :** même si tu as l'impression parfois qu'ils ne sont pas complémentaires, crois-moi, ils le sont. Ils se répartissent en quatre parties distinctes : comprendre et accepter, apprendre à m'écouter et à verbaliser, me reconnecter à moi-même, et, enfin, développer mon ancrage sexuel et m'ouvrir à de nouvelles

perspectives. Ce carnet suit donc une idée globale, un cheminement autour de la sexualité. Je te conseille de te laisser guider à travers les pages.

- **Prends le temps ! Fais des pauses, réfléchis, repose ton carnet si tu ne te sens pas prêt·e à aborder un sujet, reprends-le plus tard.** Utilise-le à deux ou seul·e. Comme dans la sexualité, on n'est pas toujours prêt·e et disponible pour certaines choses. C'est important de voir l'essentiel, de te laisser du temps pour mûrir une idée, une réflexion et de revenir par la suite dessus.
- **Approprie-toi ton carnet.** Couleurs, photos, collages, citations, ce carnet est à toi. Je sais bien que l'on a tendance à tout vouloir garder joli, propre et parfait comme un livre ; cependant, vois-le plus comme un outil que comme un livre, c'est ce qui fait son utilité et son charme.
- **Si l'envie t'en prend, je trouve aussi intéressant de partager des réflexions sur le sujet autour de toi, avec ta, ton ou tes partenaires, proches, ami·e·s quand tu as un ressenti, une émotion ou une question à travers ce carnet.** Finalement, est-ce qu'il n'est pas fait pour ça, dans le fond ? Ouvrir des discussions avec soi-même, mais aussi avec les autres.

Et si tu n'arrives pas à faire l'exercice ? Au début de chaque partie, tu trouveras une petite introduction. Plus que du *journaling*, je voulais aussi te proposer des informations, des définitions, des astuces parfois, des quiz, des exercices plus ludiques ainsi que des pages qui te permettent simplement de lâcher prise. C'est parti ?

MES PETITS CONSEILS AVANT DE COMMENCER

Écrire n'est pas toujours facile, explorer sa sexualité l'est encore moins, alors voici quelques conseils qui pourront faciliter ton cheminement.

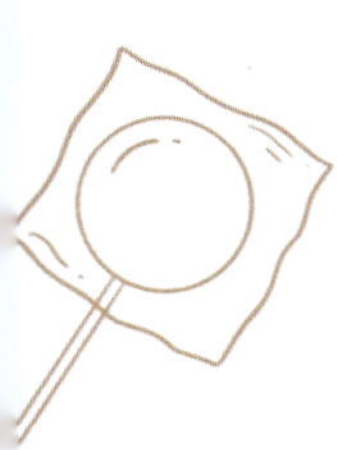

- Choisis un cahier qui te plaît ou utilise le présent support. Tu optes pour écrire dans ce carnet ? Super, il est fait pour ça ! Tu souhaites en prendre un petit à côté pour développer encore plus tes besoins et tes envies ? Je te le conseille pour la suite de ton travail autour de ta sexualité. Choisis ce qui te convient le mieux et ce avec quoi tu te sens à l'aise pour écrire.

- Fixe un créneau régulier : trouve un moment de ta journée où tu peux te consacrer à l'écriture sans distraction. Que ce soit le matin, le soir ou à tout autre moment, l'essentiel est qu'il te convienne. Pas forcément tous les jours, mais plusieurs fois par semaine si tu souhaites avancer dans cette jolie rencontre avec toi-même.
- Crée-toi un espace confortable : cherche un endroit tranquille où tu te sens à l'aise et inspiré·e pour écrire. Un espace où tu peux te détendre et te concentrer, idéalement seul·e avec une tasse de thé ou un verre d'eau.
- Débute par de petites étapes : si ce sont tes premiers pas dans le *journaling*, commence par écrire quelques phrases ou quelques lignes petit à petit. Les exercices sont faits également pour te donner la main et t'accompagner en douceur.
- Écris en toute liberté : laisse tes pensées couler sans te préoccuper de la grammaire, de la structure ou de l'orthographe. L'objectif est de capter tes pensées brutes et tes émotions. Ne sois pas dur·e avec toi-même, personne à part toi ne va relire ce carnet.
- Sois honnête et authentique : écris en toute honnêteté sur tes sentiments, tes désirs et tes préoccupations. Ton journal est ton espace privé où tu peux être toi-même sans jugement.
- Utilise des indications : si tu ne sais pas par où commencer, sers-toi d'indications pour te guider. Par exemple : « Aujourd'hui, j'ai ressenti… » « Un de mes fantasmes est… » « Ce que je veux explorer dans ma sexualité, c'est… »
- Explore divers sujets : même si ton objectif est de te reconnecter à ta sexualité, n'hésite pas à aborder d'autres sujets qui t'intéressent. Ton journal peut refléter tous les aspects de ta vie. Si d'un seul coup l'exercice te permet d'ouvrir une autre voie à ton cheminement ou à ta réflexion, fonce, c'est que tu as besoin de le faire.
- Pas de pression : il n'y a pas de règles strictes en matière de *journaling*. Écris quand tu en as envie et à ton propre rythme.

- Relis et réfléchis : de temps en temps, relis tes notes précédentes pour voir comment tu as évolué. Cela te donnera des aperçus sur tes progrès et tes changements. D'ailleurs, plusieurs exercices du carnet vont dans ce sens.
- Essaye de rester régulier·ère : plus tu écris assidûment, plus cela deviendra une habitude bénéfique. Même si tu fais des pauses, reviens toujours à ton journal.

J'espère que ces conseils t'aideront à démarrer ton *journaling* orienté autour de ta sexualité. N'hésite pas à les personnaliser en fonction de tes préférences et de tes besoins. Rien n'est une obligation, ce livre est un objet qui te permet de te donner la main pour que tu puisses avancer sur ton chemin par toi-même.

LES QUIZ

Les quiz, dans ton carnet sexo, c'est une façon amusante d'aborder un sujet parfois délicat. Ils te permettent d'explorer ta sexualité, tes préférences et ta compréhension de l'intimité de manière légère et ludique. Ces questionnaires peuvent vraiment ajouter du piquant à ta lecture, tout en te donnant l'opportunité de te poser des questions que tu n'aurais peut-être pas envisagées autrement. Ils t'encouragent à réfléchir à tes désirs, à tes limites et à ta connaissance de la sexualité, tout en te permettant de mieux comprendre qui tu es sur le plan sexuel et relationnel. En somme, les quiz, dans ce carnet, sont des outils précieux pour te découvrir et améliorer ta vie sexuelle. Prends le temps d'y répondre, tu en retrouveras plusieurs tout au long de l'ouvrage, qui te serviront pour les exercices suivants.

QUIZ

À quel point es-tu connecté·e à ta sexualité ?

Comment ressens-tu ta connexion à ta sexualité ?

◖ Je me sens bien dans ma sexualité.
♥ J'ai du mal à me sentir connecté·e et à lâcher prise.
✗ Je ne suis pas du tout connecté·e.
★ Je ressens un manque de connexion mais j'essaye de travailler dessus.

Quel est ton rapport avec ton corps ?

♥ J'ai des complexes et je n'arrive pas à passer outre.
✗ Je ne l'aime pas.
★ Il me plaît mais sans plus.
◖ J'adore mon corps.

Dans quelle mesure as-tu du temps pour toi-même dans ton quotidien ?

◖ J'ai du temps pour moi et pour m'épanouir.
✗ Pas de temps pour moi du tout.
★ J'ai le temps qu'il me faut.
♥ Pas assez, j'aimerais en avoir plus.

Comment vois-tu ta relation avec les autres dans l'intimité ?

★ Ça va, ni bonne ni mauvaise.
✗ Pas terrible, j'ai du mal à m'ouvrir.
◖ Je suis ouvert·e à toutes les discussions.
♥ J'aime échanger mais parfois je suis bloqué·e.

Ressens-tu des blocages autour de ta sexualité ?

◖ Pas du tout.
★ Un peu, de temps en temps.
♥ J'ai beaucoup de blocages.
✗ Je suis totalement bloqué·e sur certains sujets, j'ai l'impression de ne jamais m'en sortir.

Arrives-tu à exprimer tes besoins et tes envies ?

- ◖ Oui, toujours.
- ✗ Non, pas trop.
- ♥ De temps en temps, mais j'ai du mal.
- ★ Ça dépend des sujets.

Es-tu à l'aise avec le fait de parler de sexualité en général, et avec ton, ta ou tes partenaires ?

- ♥ Ça va si ce n'est pas trop intime.
- ✗ Non, j'ai du mal.
- ★ Plutôt oui.
- ◖ Je n'ai aucun tabou.

As-tu reçu une éducation sexuelle dans ta famille ou à l'école ?

- ◖ J'ai toujours eu une éducation intime.
- ♥ Juste un petit peu.
- ✗ Pas du tout.
- ★ Les bases.

Si tu devais noter ton épanouissement sexuel en ce moment (sur 10) ?

- ◖ Entre 8 et 10.
- ♥ Entre 5 et 7.
- ★ Entre 2 et 4.
- ✗ En dessous de 2.

RÉSULTATS

TU AS UNE MAJORITÉ DE ✗

Tu as du mal à te connecter à tes envies et à ta sexualité. Tu as besoin d'apprendre à penser à toi, à mettre des mots sur tes problématiques et à définir tes envies. Nous allons travailler ensemble sur tout cela.

TU AS UNE MAJORITÉ DE ♥

Tu écoutes tes envies et tes besoins, mais tu ne sais pas forcément comment les exprimer. Tu as besoin d'aide pour faire le tri dans ce qui te définit et pour apprendre à faire de la place afin de te connecter à ton énergie.

TU AS UNE MAJORITÉ D'★

Tu sais déjà ce que tu aimes et ce qui te fait vibrer dans ta sexualité. Tu as peut-être parfois besoin d'un petit coup de pouce pour approfondir ta connexion avec toi-même et booster ta confiance en toi.

TU AS UNE MAJORITÉ DE ◖

Tu es parfaitement connecté·e à ton énergie, à tes besoins, à tes envies et tu sais les exprimer. Continue d'apprendre et de développer ta connexion avec toi-même et avec les autres. Tu es sur la bonne voie.

PREMIÈRE PARTIE

Comprendre et accepter

ET SI ON COMMENÇAIT À REMPLIR CE CARNET ENSEMBLE ?

L'idée, dans cette première partie, est de faire un premier pas dans sa sexualité, d'ouvrir la porte. Imagine que la sexualité est une maison à découvrir. On tourne d'abord la clé dans la serrure de la porte, on entre et on commence à faire un état des lieux. On regarde les différentes pièces, la vue, le jardin, à quoi ressemblent les pièces cachées au fond de la maison. Et dans la cave, dans le grenier qu'y trouverait-on ? Et ce petit carton au fond d'une chambre, que contient-il ? Cette première partie va nous servir à ça. Prendre conscience de notre sexualité, visualiser, comprendre pour l'accepter au plus profond de nous-mêmes.

LA SEXUALITÉ, QU'EST-CE QUE C'EST ?

On ne peut clairement pas résumer la sexualité à sa seule fonction de reproduction ou à son aspect uniquement fonctionnel, en tout cas pas pour moi et pas dans ce carnet. La sexualité, c'est bien plus que cela. C'est une rencontre avec soi-même, mais aussi avec les autres. La sexualité se construit dès notre naissance, elle se développe selon notre éducation, notre morale, mais aussi notre religion ou encore le pays dans lequel nous vivons. La sexualité est ancrée dans l'être humain : naturellement, iel va vers autrui, nous sommes des êtres de désirs. C'est en désirant que l'on est conduit·e vers telle ou telle chose, telle ou telle personne et, via nos diverses expériences, c'est pour cela qu'elle est si différente d'une personne à une autre. C'est pourquoi avant même de parler de sexe, on parle de soi, car la sexualité, c'est une partie de soi. De plus, la sexualité évolue en fonction de notre âge, de notre parcours, de nos partenaires, de nos rencontres : elle s'adapte avec toutes nos expériences, elle se construit et se déconstruit à travers notre vécu.

Avant d'attaquer ce premier état des lieux, il me tenait à cœur de te donner quelques informations sur la sexualité de manière plus globale en répondant à quelques questions que l'on retrouve souvent quand on évoque le sujet. Dans un premier temps et peu importe la période de notre vie, notre sexualité peut être remise en question ; dans la majeure partie des cas, elle n'est pas linéaire et peut varier tout autant que notre libido. **Mais existe-t-il plusieurs formes de sexualité ?**

Eh bien oui, il y a de la diversité dans la sexualité, car celle-ci n'est pas binaire, tout comme il existe une diversité de manières d'aimer et d'échanger avec l'autre. Les orientations sexuelles se réfèrent aux types d'attirance émotionnelle, romantique et sexuelle que les individus éprouvent envers d'autres personnes. Voici quelques-unes des orientations sexuelles les plus courantes.

- **L'hétérosexualité :** c'est l'attirance envers des personnes du sexe opposé au sien.
- **L'homosexualité :** c'est l'attirance envers des personnes du même sexe que le sien.
- **La bisexualité :** c'est une attirance envers des personnes des deux sexes.
- **La pansexualité :** elle reflète une attirance envers des personnes indépendamment de leur genre ou de leur identité sexuelle.
- On retrouve également l'**asexualité**, qui est une absence d'attirance sexuelle envers les autres mais aussi la **demi-sexualité** qui est une attirance sexuelle qui se développe principalement après avoir établi un lien émotionnel profond avec une personne.
- La sexualité dite « **queer** » : c'est un terme parapluie englobant diverses orientations sexuelles et identités de genre en dehors des normes traditionnelles.

Il existe bien d'autres identités et termes qui peuvent refléter la diversité des expériences humaines en matière de sexualité. Il est important de se rappeler que chacun·e peut définir son orientation sexuelle de manière personnelle, et que l'acceptation et le respect des choix et des identités des autres sont essentiels.

Une autre question qui revient également souvent, c'est la différence entre sexe, genre, sexualité, etc. Si tu es un peu perdu·e dans tout ça, tu peux imaginer que le genre et la sexualité sont comme des grands cercles : il n'y a ni gauche ni droite, mais plutôt une ligne continue qui s'enroule sur elle-même. Certaines personnes seront à un point A sur ce cercle à un moment de leur vie, puis à un point B à un autre moment, et c'est totalement OK. Si les termes à utiliser ou ce qu'ils représentent te semblent encore un peu confus, voici une liste de ce qu'ils recouvrent.

- **Sexe :** ce terme correspond au sexe biologique, donc est lié aux organes génitaux, ceux que l'on a à la naissance le plus souvent.
- **Genre :** il s'agit là de notre propre perception. Chacun·e peut se définir comme un homme, une femme, un garçon, une fille, entre les deux ou complètement autre chose. Le genre est indépendant du sexe biologique.
- **Le rôle sociosexuel :** c'est la construction sociale de la masculinité ou de la féminité ainsi que l'ensemble des comportements attendus par la société en conséquence : « un homme, ça doit être comme ci, une femme comme cela ».
- **La conformité de genre** est définie par le degré d'adhésion aux rôles sociosexuels et aux normes culturelles établis pour un sexe donné.
- **L'expression de genre**, quant à elle, reflète la façon dont on exprime son identité de genre, par exemple par sa manière de se coiffer, ses vêtements ou encore sa manière de parler.

Tu as peut-être entendu le terme **cisgenre** : il qualifie une personne dont l'identité de genre correspond à l'expression de genre et à son sexe biologique. Par exemple : si dans ma tête je me perçois comme une femme, que mon sexe est celui d'une femme et que mon apparence ainsi que ma manière d'être sont féminines, je suis une personne cisgenre. On confond souvent identité de genre et orientation sexuelle. Il s'agit en fait de la différence entre qui on est, comment on se sent et qui on aime ou qui nous attire, tout simplement.

On me pose souvent la question de la normalité quand on parle de sexualité. Si ce carnet se retrouve entre tes mains, peut-être t'es-tu déjà également posé la question à un moment ou à un autre. Est-ce que je suis normal·e, est-ce que ma sexualité l'est ? Ce sont des questions naturelles et totalement classiques quand on entame une réflexion autour de sa propre sexualité, ce sont même des questions très saines, à mon sens ! Le concept de « normalité » en matière de sexualité est complexe et controversé. Il est important de comprendre que la sexualité humaine est extrêmement diversifiée et que ce qui est considéré comme « normal » peut varier en fonction de la culture, de l'époque historique, des croyances individuelles et des normes sociales.

Dans de nombreuses sociétés, l'hétérosexualité (l'attirance envers des personnes du sexe opposé) a historiquement été considérée comme la norme dominante en matière de sexualité. Cependant, cette perspective a évolué au fil du temps pour inclure une reconnaissance plus large de la diversité sexuelle et des orientations non hétérosexuelles.

Il est essentiel de noter que qualifier une orientation sexuelle de « normale » ou d'« anormale » peut être stigmatisant et préjudiciable. Les individus ont des expériences et des attirances différentes, et toutes ces expériences sont valides et méritent d'être respectées.

Outre le concept de normalité au sens global, les croyances limitantes peuvent aussi être une problématique récurrente dans notre construction sexuelle. Les croyances limitantes sur la sexualité au sein d'un couple peuvent avoir un impact négatif sur la relation et la satisfaction sexuelle mais elles peuvent avoir un impact tout aussi important sur sa sexualité propre et son rapport à soi. Je donne en suivant quelques exemples de telles croyances et de la manière dont elles peuvent être préjudiciables.

- **La fréquence des rapports sexuels :** une croyance limitante courante est que la fréquence des rapports sexuels est un indicateur direct de la santé de la relation. Cela peut créer une pression inutile et causer de la frustration si les partenaires ne sont pas sur la même longueur d'onde en termes de désir sexuel.
- **La performance sexuelle :** croire que la performance sexuelle est primordiale peut entraîner de l'anxiété et de l'insécurité chez les partenaires. La focalisation sur la performance peut détourner l'attention de l'intimité émotionnelle et de la connexion.
- **Les attentes irréalistes :** avoir des attentes irréalistes en matière de sexualité peut mener à la déception. Les médias, la pornographie et d'autres influences peuvent créer des attentes peu réalistes sur l'apparence, le comportement et la fréquence des rapports sexuels.
- **Le mythe de la passion constante :** penser que la passion et l'excitation sexuelle doivent toujours être intenses peut créer des problèmes lorsque la relation évolue avec le temps. Les phases de passion intense peuvent alterner avec des périodes de calme, ce qui est tout à fait naturel.
- **Le non-respect des limites individuelles :** croire que les besoins et les désirs sexuels des partenaires doivent toujours être alignés peut conduire à ignorer le fait que chaque individu a des préférences et des limites uniques. Le respect mutuel des limites est essentiel.
- **La performance orgasmique :** mettre l'accent sur l'orgasme comme objectif principal peut conduire à négliger l'importance de l'exploration sensuelle et de la connexion émotionnelle dans les rapports sexuels.

Pour cultiver une relation sexuelle et émotionnelle épanouissante avec soi et avec les autres, il est essentiel de remettre en question ces croyances limitantes et de favoriser une communication ouverte et honnête entre les partenaires. Chacun·e devrait se sentir libre d'exprimer ses besoins, ses désirs et ses limites, tout en développant une compréhension mutuelle de ce qui fonctionne le mieux pour le couple.

C'est ce que nous allons, tout au long de ce carnet, apprendre ensemble à faire !

Exercice

Lettre à mon futur moi

Je te propose de commencer par un exercice tout simple, rédiger une lettre. Une lettre que tu reliras quand tu auras terminé ce carnet. C'est un exercice de visualisation de ton futur travail : pourquoi as-tu eu envie de commencer ce carnet ? Quelles sont tes attentes, qu'espères-tu travailler ? Que pourra-t-il potentiellement t'apporter dans ton quotidien et dans ta sexualité ? Tu peux aussi noter dans ta lettre tes envies, partager les sujets dont tu aimerais te libérer ou les points que tu souhaiterais travailler. Pose tes intentions pour toi et tes besoins : « Je souhaite travailler sur mes peurs, je souhaite pouvoir m'ouvrir à mes envies ou écouter mes besoins. » À la fin de ta lettre, inscris la date du jour et termine-la par la phrase : « *Aujourd'hui, moi [ton prénom], je commence le chemin pour mieux m'accepter, mieux me comprendre et développer avec douceur et bienveillance ma sexualité, je me remercie de commencer ce cheminement*. »

ASTUCE EN CAS DE DIFFICULTÉ À ÉCRIRE

Si tu éprouves des difficultés pour démarrer ou continuer ton exercice, donne-toi un cadre à suivre. Par exemple, fixe-toi comme objectif d'écrire une page entière. Ensuite, prends le temps de développer tes idées. Si tu as ressenti le désir d'acheter ce carnet, creuse un peu plus profondément. Demande-toi pourquoi cette envie a émergé. S'agit-il d'un besoin profond ou as-tu ressenti qu'il manquait quelque chose dans ta vie ? Peut-être ressens-tu des peurs que tu n'as pas encore comprises. Explore ces réflexions pour mieux comprendre ce qui se passe en toi.

TON EXERCICE

Date : ....

« Aujourd'hui, moi ....,
je commence le chemin pour mieux m'accepter,
mieux me comprendre et développer avec douceur
et bienveillance ma sexualité, je me remercie
de commencer ce cheminement. »

À QUOI CET EXERCICE SERT-IL ?

Cet exercice de rédaction de lettre a plusieurs fins importantes dans le cadre de ce carnet sexo. Tout d'abord, il permet de clarifier et d'exprimer tes motivations et tes attentes en commençant ce voyage de découverte sexuelle. En écrivant à ton futur toi, tu te donnes une vision de ce que tu espères accomplir à travers ce carnet. En outre, cette lettre te pousse à réfléchir sur les aspects de ta sexualité que tu aimerais explorer, les défis que tu souhaites surmonter ou les désirs que tu aimerais assouvir. Elle te permet de poser des intentions claires pour ta démarche personnelle. Enfin, cette lettre fonctionne comme une déclaration d'engagement envers toi-même. En la signant, tu prends l'engagement de t'accepter, de te comprendre, et de développer ta sexualité avec bienveillance et douceur. C'est une étape essentielle pour se lancer dans ce voyage avec une attitude positive et ouverte. En somme, cette lettre sert de point de départ, de guide et de rappel de tes objectifs et de tes intentions tout au long de ton expérience avec ton carnet sexo. Elle t'aide à te connecter à toi-même et à ta sexualité de manière réfléchie et constructive.

Exercice

Nuage de mots

Est-ce que tu connais les nuages de mots ? C'est un exercice que l'on fait parfois pendant des études ou que l'on pratique souvent en développement personnel, il s'agit de noter un mot au centre d'une page et d'inscrire tout autour tous les mots que tu lui associes et qui te passent par la tête.

Aujourd'hui, tu vas pratiquer cet exercice avec le mot SEXUALITÉ. Autour de ce mot, écris au fur et à mesure ceux qui te viennent à l'esprit quand tu penses à la sexualité, qu'ils soient positifs ou négatifs. Quand tu as terminé, pose ton stylo, choisis deux feutres de couleurs différentes et entoure les mots positifs dans la couleur de ton choix et les négatifs dans une autre couleur. Prends du recul et observe ton nuage. Tes mots sont-ils plutôt négatifs ou positifs ? Que peux-tu en conclure ?

À QUOI CET EXERCICE SERT-IL ?

L'exercice du nuage de mots sert à explorer et à visualiser les associations d'idées et d'émotions liées à ce concept personnel qui change et varie d'une personne à une autre. C'est un moyen efficace d'autoréflexion.

TON EXERCICE

sexualité

Exercice

Portrait chinois

Plus jeune, souvent, à l'école, on réalise des portraits chinois. Ils ont pour but de montrer des aspects de notre personnalité mais sous un format un peu plus ludique. Et si nous faisions la même chose, mais pour notre sexualité propre ? Je t'invite à répondre aux petites questions que tu trouveras ci-dessous sans trop réfléchir et de manière instinctive. Tu peux également faire faire l'exercice à ton, ta ou tes partenaires.

TON EXERCICE

Si ta sexualité était une couleur ?

....

Un fruit ?

....

Une odeur ?

....

Un endroit ?

....

L'un des quatre éléments ?

....

Un film ou une scène de film ?

....

....

....

Une série ?

....

....

....

Un vêtement ?

....

Un plat ?

....

....

Un animal ?

....

Une chanson ?

....

....

....

Une qualité ?

……………………………………………

Un parfum de glace ?

……………………………………………

Une plante ?

……………………………………………

Un livre ?

……………………………………………

Un art ?

……………………………………………

Une émotion ?

……………………………………………

Un dessert ?

……………………………………………

Si tu devais décrire ta sexualité en trois mots ?

……………………………………………

……………………………………………

……………………………………………

……………………………………………

Passe en revue tes réponses et réfléchis à ce qu'elles peuvent signifier. Si tu devais choisir celle qui reflète le mieux ta perception, laquelle serait-ce ? Tu pourrais également envisager de réaliser une deuxième version de cet exercice pour approfondir ta compréhension. Si ton, ta ou tes partenaires ont fait ce même exercice de leur côté, échangez vos réponses et comparez-les. Il se peut que tu te perçoives comme un chat ce mois-ci, et lui ou elle comme un tigre. Cette différence pourrait être le point de départ d'une conversation pour explorer plus en profondeur ces similitudes et différences entre vos perspectives. Cela pourrait être une occasion de mieux comprendre et communiquer sur vos attentes et vos désirs en matière de sexualité.

À QUOI CET EXERCICE SERT-IL ?

Il a pour objectif de favoriser la réflexion personnelle et la communication dans une relation en abordant la perception de la sexualité. Il encourage l'autoréflexion, la comparaison des points de vue avec un·e partenaire et la compréhension mutuelle des désirs et des attentes sexuelles.

Exercice

Ma jauge

On ne peut noter la sexualité, ou en tout cas pas de manière bienveillante. Hors de question de se donner ou de donner à quelqu'un·e un 4/10 ou un 9/10 à une pratique. En revanche, on peut définir à quel point on est à l'aise avec tel ou tel point de notre sexualité. Réfléchis à chaque question et remplis ta jauge selon l'importance ou ton ressenti face à celle-ci.

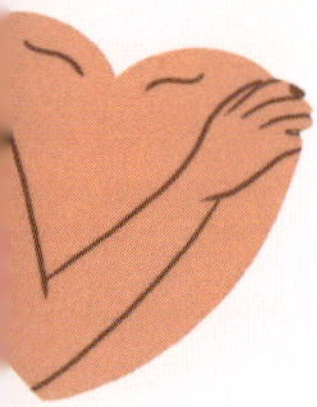

TON EXERCICE

	1	2	3	4	5	6	7	8	9	10
Est-ce que je me sens épanoui·e dans ma sexualité ?										
Est-ce que je me sens moi-même ?										
Est-ce que je suis à l'aise avec mes envies ?										
Est-ce que je me sens à l'aise avec mes besoins ?										
Est-ce que je suis à l'écoute de mon corps ?										
Est-ce que je me permets de l'autoérotisme avec mon corps ?										
Est-ce que je ressens de la pression sur ma sexualité de ma part ou de la part d'autrui ?										
Est-ce que j'ai l'espace pour parler de mes ressentis et de mes peurs ?										
Est-ce que je m'autorise à avoir des fantasmes ?										
Est-ce que je suis bienveillant·e envers moi-même dans ma sexualité ?										

Ta jauge change-t-elle selon les périodes ? Celles de ton cycle si tu es une personne menstruée, en fonction des saisons ou encore avec d'autres partenaires ? Pourquoi, selon toi ?

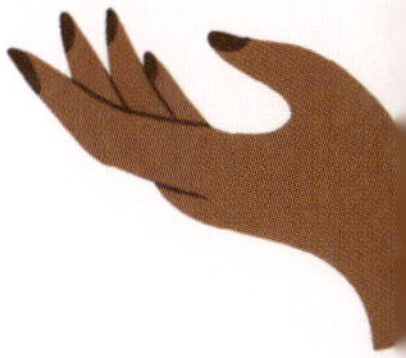

À QUOI CET EXERCICE SERT-IL ?

L'objectif de cet exercice est de favoriser une réflexion introspective sur sa propre sexualité, de mieux comprendre ses sentiments et ses besoins et d'encourager un rapport plus bienveillant et authentique avec sa sexualité.

«Merci pour les roses,
merci pour les épines.
La vie n'est pas une fête
perpétuelle [...]»

Jean d'Ormesson

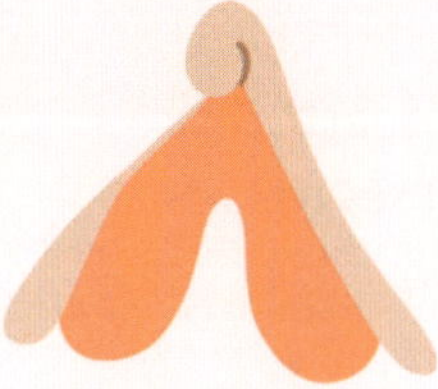

TON EXERCICE

Que t'inspire cette citation si tu la transposes à la sexualité ?

ET SI NOUS ENTAMIONS ENSEMBLE UN VOYAGE DOUX POUR SURMONTER TES BLOCAGES?

L'écoute et la réponse à ses désirs et à ceux de son ou sa partenaire ne sont pas toujours simples, surtout lorsque le stress, les blocages ou l'angoisse s'en mêlent. Parmi les divers obstacles intimes, nous pouvons distinguer deux grandes catégories : l'inhibition, qui se manifeste comme le contraire de la spontanéité, et l'anxiété de la performance.

L'inhibition trouve souvent sa place chez les personnalités plus réservées, celles qui ont du mal à gérer leurs émotions. Par peur d'être submergées par une avalanche d'émotions, elles ont tendance à esquiver ou à éviter les situations perçues comme trop émotionnelles.

L'anxiété de la performance, quant à elle, est souvent présente chez les personnes dotées d'un pénis. La crainte de ne pas être à la hauteur, de ne pas tenir assez longtemps ou la focalisation exclusive sur la pénétration sont autant de pressions qu'elles s'imposent, créant ainsi à terme souffrance et anxiété. Tandis que les inhibé·e·s redoutent souvent de satisfaire leurs propres besoins ou demandes par crainte du jugement, les anxieux·ses se concentrent uniquement sur l'objectif à atteindre, négligeant le plaisir en chemin. De manière simpliste, les personnes dotées d'un pénis se soucient souvent de la qualité de leur érection et de leur capacité à faire jouir, tandis que celles dotées d'un vagin se focalisent plutôt sur leur capacité à susciter le désir de leur partenaire et à lui procurer le plaisir qu'il recherche.

Les inhibé·e·s et les anxieux·ses partagent deux points communs : une déconnexion à la fois de leurs sensations corporelles et émotionnelles et de leur propre désir. Surmonter ces blocages nécessite un double travail. Il faut d'abord examiner les croyances ou les expériences qui en sont à l'origine, puis se réapproprier son corps. De plus, ces blocages peuvent être causés par divers facteurs tels que des traumatismes passés, des problèmes de communication, des croyances ou une éducation sexuelle négatives, des problèmes physiologiques, une dépendance à la pornographie, des problèmes relationnels, le stress, l'anxiété, etc. Ils peuvent affecter la satisfaction et l'épanouissement sexuels, mais ils sont souvent surmontables grâce à la communication, à la thérapie ou à d'autres approches appropriées.

En d'autres termes, il est essentiel de parvenir à déconnecter de son mental pour se reconnecter à son corps de l'intérieur. Tant que le mental est en mode suractivité, le corps peine à s'exprimer. À moins que l'anxiété et les inhibitions ne soient trop prégnantes, il est possible d'apprendre à se réapproprier son corps et à lui faire confiance, même en travaillant individuellement, pour renouer avec ses sensations corporelles et émotionnelles.

Lorsque l'on parle de blocages dans la sexualité, on fait référence à des obstacles émotionnels, psychologiques ou physiologiques qui entravent la capacité d'une personne à vivre une sexualité épanouissante et satisfaisante. Ces blocages peuvent prendre différentes formes et affecter aussi bien les hommes que les femmes, ils varient d'une personne à l'autre.

Exercice

Mécanisme du blocage

Outre le fait de comprendre comment un blocage peut survenir dans la vie, cet exercice permet également de saisir ses mécanismes, la manière dont il fonctionne, et de travailler sur cette problématique en avançant sur son cheminement de pensée. Pour cela, je t'invite à remplir le tableau ci-contre.

Dans la première colonne, inscris tes expériences négatives : cela peut être une pratique, un acte, un traumatisme, quelque chose que tu n'as pas aimé et que tu as perçu comme négatif.

Dans la deuxième colonne, inscris la croyance due à cette expérience dont tu as du mal à te défaire et le ressenti que cela a eu sur toi.

Dans la troisième colonne, essaye de faire la distinction entre un frein et une limite. Cette expérience est-elle désormais un frein dans ton intimité ou une limite ? Pour t'aider : un frein, c'est potentiellement quelque chose qui te fait souffrir et que tu aimerais travailler pour l'inclure dans ta sexualité ; une limite, c'est un point dont tu ne veux pas entendre parler.

Pour finir cet exercice qui peut remuer, prends le temps de te poser quelques minutes et réfléchis à ta vie : quels sont tes blocages, les tourments par lesquels tu es déjà passé·e et que tu as dépassés ? La peur d'une pratique, un trouble, du vaginisme, un manque de libido ? Inscris-les et replace-les dans leur contexte actuel en te félicitant de ta réussite. Aucun traumatisme, aucun blocage n'est figé dans le temps. La sexualité est une perpétuelle évolution.

PAR EXEMPLE

Expérience négatives	Croyances	Frein ou limite
Quelqu'un·e m'a agressé·e en me touchant dans le métro.	Quelqu'un·e m'a touché·e sans mon consentement, j'ai désormais du mal à me laisser toucher certaines parties du corps. J'ai l'impression d'être sale. Cela me créé des émotions négatives, je n'aime pas ça.	C'est un frein, j'aimerais que mon·ma partenaire puisse me toucher et que cela me procure des émotions et ressentis positifs. Ou : c'est une limite, je ne veux pas que mon·ma partenaire me touche.

TON EXERCICE

À QUOI CET EXERCICE SERT-IL ?

Les exercices sur les blocages sexuels servent à identifier, comprendre et surmonter les obstacles émotionnels et psychologiques qui entravent la satisfaction sexuelle. Ils favorisent la communication dans les relations et promeuvent le bien-être émotionnel et sexuel.

BLOCAGE ET CONSENTEMENT, IL EST TEMPS DE FAIRE LE POINT !

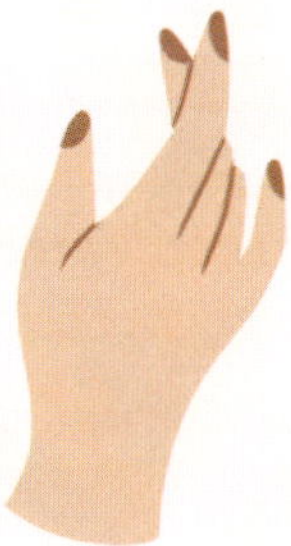

Le consentement, c'est comme le feu vert à chaque étape d'une relation intime. Il signifie que chaque personne concernée est d'accord et confortable avec ce qui se passe. Cela implique une communication ouverte et claire entre toi et ton·ta partenaire. Pour que le consentement soit valide, il doit être volontaire, explicite et révocable à tout moment. Cela signifie que tu as le droit de dire « oui » à certaines choses et « non » à d'autres, sans aucune pression ni jugement. Il est important de se rappeler que le consentement ne peut pas être donné si une personne est sous l'influence de l'alcool ou de drogues, est mineure, ou ne peut pas exprimer son accord de manière lucide.

Dans une relation intime, il est essentiel que tu respectes les limites de ton·ta partenaire. Assure-toi de demander et d'obtenir son accord pour chaque nouvelle étape, que ce soit un baiser, une caresse ou un acte sexuel. Sois **attentif·ive** aux signaux verbaux et non verbaux de ton·ta partenaire. Si, à un moment donné, il ou elle dit « non » ou montre par ses actes qu'il ou elle n'est pas à l'aise, il est impératif de stopper immédiatement et de respecter ce refus. Le consentement, c'est un moyen de garantir que chaque personne se sent en sécurité, respectée et écoutée dans une relation intime, ce qui est la clé pour construire une expérience saine et épanouissante. Beaucoup de blocages n'existeraient dans nos vies intimes si le consentement était respecté tout du long de la relation.

CINQ TIPS EN CAS DE GROS BLOCAGES DANS TA SEXUALITÉ

- Prends du recul sur la situation. Un blocage, cela arrive à tout le monde, ce n'est pas grave et c'est même essentiel pour apprendre à passer outre ses peurs et les identifier afin de travailler sur le sujet.
- Apprends à dialoguer, à poser les limites, à dire « oui » ou « non » sans te sentir coupable. Si quelque chose te bloque, il suffit de dire : « Cela ne me convient pas, on peut en parler et ressayer plus tard », si c'est ce que tu ressens
- Pense aux médecines naturelles : certaines plantes ont la capacité de jouer sur la libido comme la maca ou la damiana, mais aussi sur le stress lié aux blocages comme le chanvre ou encore leurs versions en élixirs de fleurs de Bach.
- Ne mets pas fin à un moment de complicité ou d'échange sur un blocage, mais continue en faisant autre chose qui te fait plaisir.
- Si tu sens que tu bloques sur certaines problématiques avec un ou des partenaires, parles-en amont avec iels.

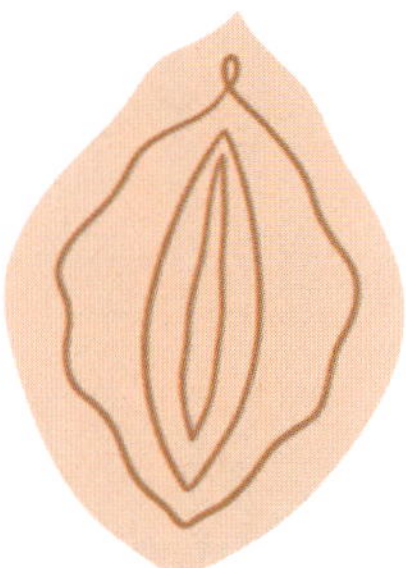

QUIZ

Quel personnage de *Sex and the City* es-tu ?

Quel domaine t'attire-t-il le plus ?

- ● La communication.
- ★ La mode.
- ■ Le droit.
- ◖ Le social.

Comment imagines-tu la relation idéale ?

- ● Une relation quoi ? Pas le schéma classique en tout cas.
- ■ Amoureux·se et épanoui·e, peu importe le reste.
- ◖ Marié·e avec des enfants.
- ★ Libre et indépendante.

Ta soirée est libre, tu préfères…

- ■ Traîner devant un film ou avec un livre.
- ★ Sortir avec tes ami·e·s.
- ● Appeler ton *sexfriend*.
- ◖ Une soirée en amoureux·ses au cinéma.

Ton signe astrologique est un signe…

- ★ D'air (Gémeaux, Balance, Verseau).
- ● De feu (Bélier, Lion, Sagittaire).
- ◖ D'eau (Cancer, Scorpion, Poissons).
- ■ De terre (Taureau, Vierge, Capricorne).

Si tes ami·e·s devaient te définir en un seul mot, ce serait ?

- ● Libéré·e.
- ◖ Idéaliste.
- ■ Authentique.
- ★ Indépendant·e.

Quel est ton *couple goal* préféré ?

- ● Angelina Jolie et Brad Pitt.
- ★ Le Joker et Harley Quinn.
- ■ Chandler et Monica.
- ◖ La reine Elizabeth et le prince Philip.

Si tu devais donner une saveur à ta sexualité ?

- ★ Douce.
- ■ Amère.
- ● Piquante.
- ◖ Sucrée.

RÉSULTATS

SI TU AS UNE MAJORITÉ D'★, TU ES CARRIE BRADSHAW.

« Il est presque impossible de trouver une personne qui vous aimera pour vous. J'ai été assez chanceuse pour en trouver trois. » Pour toi, l'amour c'est le moteur de ta vie, tu aimes tomber amoureux·se et tu es pareil·le dans l'intimité ; tu aimes le changement, expérimenter, découvrir l'autre. Et même si ce n'est pas le ou la partenaire de ta vie, tu donnes tout, jusqu'au prochain ou la prochaine.

SI TU AS UNE MAJORITÉ DE ◖, TU ES CHARLOTTE YORK.

« J'ai des rendez-vous depuis que j'ai 15 ans, je suis épuisée. Mais où est-il ! ? » Tu as du mal à décrire tes envies et tes besoins, à t'écouter surtout. Comment exprimer ce que l'on souhaite ou ce que l'on veut quand on ne prend pas le temps de se découvrir ? Tu aimes plutôt le côté rassurant d'un cocon même au sein de ton intimité, le changement te fait un peu peur, parfois.

SI TU AS UNE MAJORITÉ DE ■, TU ES MIRANDA HOBBES.

« Les femmes ont deux choix dans la vie : être sorcières ou chattes en chaleur. » Miranda, c'est un peu ton animal totem : franche, centrée sur son travail et sur son ambition, elle aimerait prendre du temps pour elle et pour sa sexualité, mais elle patauge un peu, parfois. Elle a soif de découvertes mais ne prend pas forcément le temps pour cela.

SI TU AS UNE MAJORITÉ DE ●, TU ES SAMANTHA JONES.

« Je ne crois pas vraiment au mariage, alors que le Botox, ça, j'y crois ! Ça marche à tous les coups ! » Libre et un peu fantasque, prenant plaisir à découvrir sans peur du jugement, tu aimes échanger et apprendre de nouvelles choses et tu n'es jamais fermé·e à de nouvelles expériences, quitte parfois à te brûler les ailes.

Exercice

Mes pensées limitantes

QU'EST-CE QU'UNE PENSÉE LIMITANTE ?

Une pensée limitante est un état d'esprit ou une croyance à ton sujet qui te freine d'une manière ou d'une autre. Ces croyances sont souvent de fausses idées que tu te fais sur toi-même et qui peuvent entraîner un certain nombre de conséquences néfastes.

Il existe de nombreuses pensées limitantes courantes en matière de sexualité et elles varient d'une personne à l'autre en fonction de l'éducation, des expériences personnelles et de la culture. Cependant, voici quelques pensées limitantes parmi les plus connues et répandues.

- La sexualité est taboue : l'idée selon laquelle la sexualité est un sujet honteux ou inapproprié à discuter ouvertement peut entraver la communication et l'éducation sexuelles.
- Le sexe doit être parfait : l'attente que chaque expérience sexuelle soit parfaite, sans aucun problème ni difficulté, peut créer de l'anxiété et des attentes irréalistes.
- Les hommes et les femmes sont fondamentalement différents : les stéréotypes de genre qui suggèrent que les hommes et les femmes ont des désirs, des besoins et des rôles sexuels intrinsèquement différents peuvent limiter l'exploration de soi et de l'autre.
- La performance sexuelle est essentielle : l'idée que le sexe se résume à la performance et à la satisfaction de son partenaire peut créer de la pression et nuire au plaisir.
- Les désirs sexuels sont toujours spontanés : attendre que les désirs sexuels soient toujours spontanés et immédiats peut conduire à ignorer les variations normales du désir et créer des frustrations.

- Les fantasmes sont mauvais : la croyance selon laquelle les fantasmes sexuels sont inappropriés ou immoraux peut inhiber l'exploration de sa propre sexualité.
- La masturbation est honteuse : la culpabilité entourant la masturbation peut entraver le bien-être sexuel et l'acceptation de soi.
- Les personnes âgées n'ont pas de sexualité : la pensée que la sexualité diminue avec l'âge peut priver les individus âgés d'une vie sexuelle satisfaisante.
- La sexualité est exclusivement hétérosexuelle : l'idée que la seule sexualité « normale » est hétérosexuelle peut marginaliser et stigmatiser les personnes LGBTQIA +.
- Le consentement n'est pas nécessaire dans une relation de couple : la croyance erronée selon laquelle le consentement est implicite au sein d'un couple peut conduire à des comportements non consensuels.

Chaque être humain a ses propres croyances : certaines sont plus ou moins collectives, certaines viennent de notre éducation, d'autres de nos expériences, de notre lieu de naissance ou encore de notre famille. Si une croyance a été ancrée dans ta mémoire via une forte intensité ou encore une répétition, celle-ci aura un fort impact sur toi. Penses-tu que tu aies conscience de toutes tes pensées limitantes et de toutes tes croyances ? De la manière dont celles-ci peuvent jouer sur ton intimité et ton épanouissement ? Pour t'aider dans l'exercice qui suit, rappelle-toi ton éducation à la sexualité ou ta non-éducation, pense à tes discussions avec tes ami·e·s, avec tes partenaires, pense à tes différentes expériences et remplis le tableau qui suit.

Prends un moment pour observer tes croyances et redonne-leur du sens. Parfois, notre définition d'un mot ou d'un autre influe sur notre manière de percevoir les choses. Inscris pour chaque mot la définition littérale de celui-ci (celle que l'on peut trouver dans le dictionnaire, par exemple) puis le sens que toi tu lui donnes. Complète ta liste et prends du recul pour observer la différence entre les deux. Comment cela résonne-t-il en toi ?

Les croyances populaires	Mes croyances personnelles limitantes	Mes injonctions personnelles
Les personnes qui se masturbent ou consomment de la pornographie ne sont pas épanouies sexuellement.	Je ne plais pas à ma·mon partenaire et c'est pour ça qu'iel n'a pas envie de moi.	Un couple doit faire l'amour X fois par mois pour être heureux.

PAR EXEMPLE

TON EXERCICE

Les croyances populaires	Mes croyances personnelles limitantes	Mes injonctions personnelles

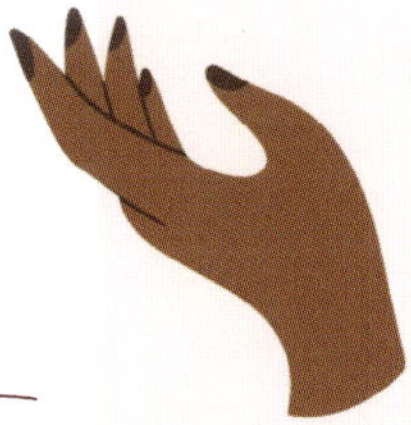

À QUOI CET EXERCICE SERT-IL?

Cet exercice, c'est un peu comme une exploration de tes pensées et croyances sur la sexualité. Il t'invite à regarder de plus près les idées que tu as sur ce sujet et à en prendre conscience.

Exercice

Est-ce bien réel ?

Nos blocages et nos pensées limitantes peuvent aussi parfois nous empêcher d'avancer dans notre envie de changement ou dans l'évolution de notre vie intime, via des pensées parasites ou des peurs irrationnelles et parfois inconscientes de notre cerveau et de notre système de défense. Nos peurs et nos blocages déforment parfois le prisme de notre réalité. Voici un exercice qui permet de replacer une situation dans son contexte, sous forme de tableau.

Dans la première colonne, tu peux inscrire des situations où tu avais peur ou te sentais mal à l'aise, une situation qui t'a donné des pensées négatives ou limitantes.

Dans la deuxième colonne, tu vas inscrire tes peurs et ce que la situation ta fait ressentir.

Dans la troisième colonne, tu vas inscrire ce qui a vraiment eu lieu, que tu sois passé·e à l'acte ou non.

Le but ? Reprendre chaque situation dans sa globalité, et comprendre que nos peurs nous mettent des bâtons dans les roues et nous bloquent parfois dans des situations qui ne sont finalement, une fois remises dans leur contexte, ni stressantes ni dramatiques.

Tu es dans une relation avec un·e ou des partenaires ? N'hésite pas à lui ou leur proposer de faire l'exercice : si l'on travaille aussi sur ses blocages, on peut également travailler sur ceux des autres et parfois découvrir que nous-même mettons, sans forcément nous en rendre compte, l'autre dans une position inconfortable.

PAR EXEMPLE

Situation	Ce dont j'ai peur	Ce qui a vraiment eu lieu
Je me suis retrouvé·e dans un lieu inconnu avec mon·ma partenaire, j'avais envie de relations sexuelles mais je n'ai pas osé exprimer mon désir.	J'ai eu peur qu'iel me juge, peur de passer pour quelqu'un·e de facile, peur d'être esclave de mes envies.	Exemple : Je n'ai rien dit, j'ai été frustré·e et triste. Ou : nous sommes passé·e·s à l'acte, c'était super, personne ne m'a jugé·e.

TON EXERCICE

Exercice

Silenzio, Bruno !

As-tu vu *Luca*, un des derniers films d'animation Disney ? Dans cette jolie allégorie de la différence et des croyances, un des personnages principaux fait taire ses peurs intérieures en leur donnant un nom et en s'écriant : « *Silenzio, Bruno !* » dès qu'il ressent de la peur ou des pensées limitantes. Et si tu donnais un nom à tes peurs intérieures et à tes blocages ?

Liste les blocages sur lesquels tu aimerais travailler à travers ce carnet et trouve-leur des noms, soit un seul pour tous, soit un différent pour chacun de ces blocages. Finis ton exercice par une réflexion sur le pourquoi de ce choix. Est-ce celui d'un homme ? D'une femme ? D'un animal ? Pourquoi avoir choisi celui-ci ou ceux-ci ? Si tu as envie d'exprimer également leur forme, n'hésite pas à te munir d'un crayon et à les dessiner les uns après les autres.

BLOCAGE 1

....

....

BLOCAGE 2

BLOCAGE 3

Exercice

Lettre à mon·ma meilleur·e ami·e

Et si tu devenais ton ou ta meilleur·e ami·e ? Je sais, c'est une phrase un peu bateau que l'on entend partout, mais on peut en tirer des choses intéressantes. As-tu des blocages physiques ? Tu peux, par exemple, être complexé·e par une partie de ton corps, un aspect de ton physique que tu n'aimes pas et qui te donne du fil à retordre dans tes relations intimes, qu'elles soient avec toi-même ou avec les autres. Et si tu inversais les rôles ? Imagine écrire une lettre à ton·ta meilleur·e ami·e qui souffre du même complexe, écris-lui comme si tu lui parlais directement, pourquoi iel est beau ou belle, pourquoi iel ne devrait pas avoir à complexer sur ce type de chose. Toi, moi et les autres, nous avons tous et toutes tendance à être très dur·e·s envers nous-mêmes et assez bienveillant·e·s particulièrement envers les gens qu'on aime. Inverse les rôles et autorise-toi à te voir sous un autre angle par le prisme de la bienveillance et du regard de l'autre.

C'est peut-être le moment de l'écrire vraiment, cette lettre, à ton·ta meilleur·e ami·e d'ailleurs. Tu peux également le faire avec ton·ta partenaire actuel·le : le regard des autres, particulièrement de celles et ceux que l'on aime, fait toujours du bien.

Date : ....

Objet de la lettre : ....

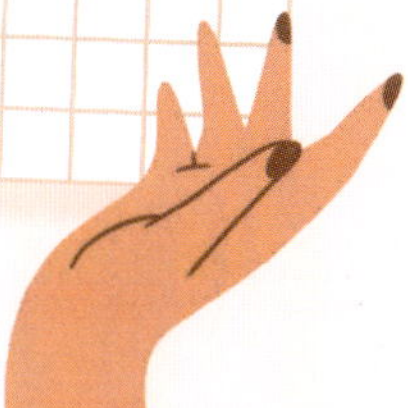

Exercice

Mes petits gestes

Maintenant que tu as éclairci un peu ta situation et que tu apprends à être plus bienveillant·e envers toi-même, réponds à ces trois questions le plus rapidement possible.

TON EXERCICE

Qu'est-ce que tu gagnes si tu ne travailles pas sur tes blocages et pensées limitantes ?

....

....

....

....

....

....

....

....

....

....

....

....

Qu'est-ce que tu vas perdre à ne pas travailler sur tes blocages émotionnels et tes blessures ?

Qu'est-ce que tu vas gagner à travailler sur ce type de problématiques ?

Tu as pris le temps d'observer et de comprendre tes problématiques, félicitations. Est-ce que tu penses pouvoir accomplir des petits gestes pour t'orienter dans la direction où tu souhaites aller ? Quels sont-ils ? L'idée est de se mettre en mouvement, pas de foncer droit au but. Peut-être peux-tu chercher des renseignements sur une pratique que tu aimerais apprivoiser ? En parler avec ton, ta ou tes partenaires ? Peut-être travailler sur la manière de te libérer de certaines croyances ? Liste tes prochains petits pas vers une reconnexion à ta sexualité.

UN PETIT BILAN S'IMPOSE

À la fin de chaque partie, prends le temps de faire une petite pause dans ta découverte de ce carnet et de ta reconnexion à toi-même. Les choses prennent parfois du temps et c'est normal. Fais le point. Qu'est-ce que ces exercices t'ont apporté ? Est-ce que certaines choses ont bougé dans ton quotidien depuis que tu travailles sur tes blocages ? Dans ta sexualité, ta manière de penser, tes émotions ou encore ta perception des choses, qu'est-ce qui a changé ? Prends le temps de mettre à l'écrit ces acquis.

Prends le temps de te remercier pour ton parcours, offre-toi un petit moment à toi ou un petit plaisir. Tu l'as bien mérité !

PENSE-BÊTE

- La sexualité, ce n'est pas toi + quelqu'un·e. La sexualité c'est surtout une rencontre avec toi-même.
- L'anxiété de la performance est une injonction sociale et une source d'anxiété, elle touche tout le monde.
- Ton éducation ne fait pas tout, tu peux toujours évoluer et t'éduquer.
- Les choses changent avec le temps, le travail et les expériences de la vie, rien n'est immuable.

À RETENIR

Il est essentiel de continuer à explorer cette partie de toi-même. Comme tu l'as découvert au début de ce carnet, ta sexualité peut être comparée à une maison ou à une vaste carte géographique. Il y a toujours des pièces à découvrir, des mondes à explorer, et la possibilité de rénover ou de redécorer, de casser des murs pour tout recommencer. N'oublie jamais que cette exploration est la base de ta croissance. La clé ici, c'est de comprendre que rien n'est figé, que tout peut évoluer en écoutant tes désirs et tes besoins. Tu as le pouvoir de façonner ton propre chemin et d'apporter les changements que tu souhaites. C'est une aventure sans fin, et chaque étape compte.

NOTES PERSONNELLES

DEUXIÈME PARTIE

Apprendre à m'écouter et à verbaliser

As-tu déjà pensé au fait que la vision de la sexualité n'était pas totalement de notre fait ? Nous avons déjà abordé ce point plus tôt dans ce carnet : la sexualité, c'est une addition de notre éducation, de nos valeurs, de notre expérience, mais aussi de celles de notre ou nos partenaires et de notre société. **Y a-t-il des choses dans notre sexualité et dans son apprentissage qui auraient pu nous faire passer à côté de nos réels besoins et envies ? Déconstruire pour mieux construire ? Déconstruire pour mieux se reconnecter à soi ?** C'est idéalement un exercice à faire à chaque étape de sa vie, mais encore plus à travers sa sexualité, qui est loin d'être linéaire dans une vie.

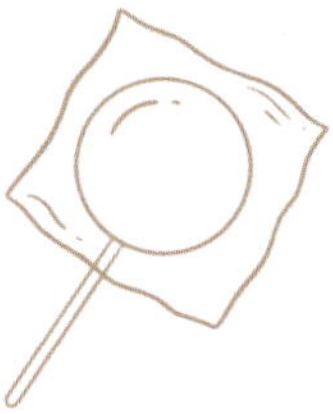

Le problème qu'ont beaucoup d'entre nous ? Ne pas s'écouter, ne pas prendre le temps de le faire. Entourer sa sexualité d'une charge mentale énorme, réfléchir parfois trop. **Et si nous prenions le temps de réfléchir positivement ?**

Se poser des questions tout le temps et handicaper sa sexualité ? NON ! Prendre le temps de se poser des questions qui vont impacter de manière positive notre sexualité et trouver des réponses ? OUI !

PRENDRE CONSCIENCE DE LA CHARGE MENTALE

Un premier pas vers l'écoute et la verbalisation ! La charge mentale intime et sexuelle est une réalité omniprésente dans la vie des individus, qu'ils soient célibataires ou en couple. Cette notion englobe un ensemble de préoccupations, d'attentes, de désirs et de responsabilités liés à la sphère intime et sexuelle de notre existence. Pour les célibataires, elle peut se manifester par une pression sociale ou personnelle à trouver un·e partenaire, à maintenir une vie sexuelle satisfaisante, ou à explorer leur propre sexualité sans jugement ni tabou. De plus, l'ère numérique a également ajouté une dimension virtuelle à cette charge, avec la gestion des applications de rencontres, la recherche constante d'informations sur la sexualité, et la gestion des désirs et des frustrations. Pour les personnes en couple, notamment les femmes, la charge mentale intime et sexuelle peut être tout aussi complexe. Elle se traduit souvent par la nécessité de maintenir une communication ouverte et honnête avec son·sa partenaire sur les besoins et les désirs sexuels, tout en jonglant avec les obligations de la vie quotidienne. La gestion du désir, la recherche de la satisfaction mutuelle et la création d'une intimité épanouissante sont des aspects importants de cette charge.

Dans les deux cas, il est crucial de prendre conscience de cette charge mentale, de la partager équitablement avec son·sa partenaire si l'on est en couple, et de s'accorder du temps pour explorer sa propre sexualité et répondre à ses besoins intimes. La communication et l'empathie jouent un rôle clé dans la gestion de cette charge, permettant ainsi d'entretenir une relation saine et épanouissante.

Exercice

Mes préférences

Prends le temps de passer en revue la majeure partie des pratiques érotiques et sexuelles que tu as déjà pu vivre lors de tes expériences. Tu peux peut-être observer que certaines pratiques t'attirent plus que d'autres. Il se peut également que certaines d'entre elles te plaisent avec un·e partenaire, et peu ou pas avec d'autres. L'idée est ici de porter ta réflexion sur tes envies, ce que tu aimes, ce que tu n'aimes pas et potentiellement ce que tu pourrais aimer.

Pour chaque pratique, remplis ta jauge selon ce que tu aimes ou non.

TON EXERCICE

	1	2	3	4	5	6	7	8	9	10
La tendresse										
Les câlins										
S'embrasser										
Le sexe oral										
Le sexe pénétratif										
Les pratiques anales										
Le cunnilingus (à donner ou à recevoir)										
La fellation (à donner ou à recevoir)										
Le BDSM *soft*										
Le BDSM *hard*										
La soumission										

	1	2	3	4	5	6	7	8	9	10
La domination										
La masturbation										
La masturbation mutuelle à deux ou plus										
Les positions acrobatiques										
Le sexe en extérieur										
Le *slow sex*										
Le tantrisme										
Le sexe à distance										
« Sextoter »										
Le sexe à plusieurs										
Les jeux de rôle										
Les massages										
L'utilisation de sex-toys										

Liste selon tes envies les pratiques (qui ne sont pas forcément présentes dans cette liste) que tu aimerais commencer à explorer ou davantage explorer dans ta sexualité :

....

....

....

....

....

....

....

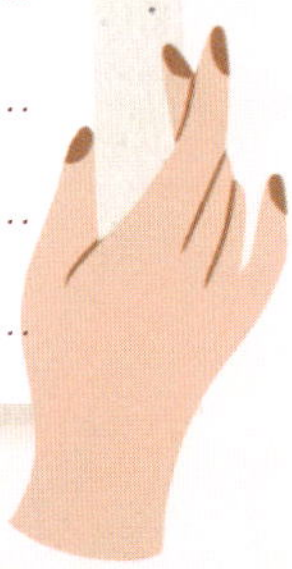

SOUHAITES-TU APPROFONDIR L'EXPLORATION DE TA RELATION INTIME ?

Si tu éprouves parfois des difficultés à exprimer tes désirs à ton, ta ou tes partenaires, pourquoi ne pas envisager l'écriture comme un moyen de communication ? Créez ensemble une « enveloppe à envies » en prenant chacun·e un moment pour écrire des pratiques ou des désirs que vous aimeriez expérimenter. Lors d'un moment d'intimité, tirez un papier de votre enveloppe et engagez une discussion à ce sujet. Si tous les partenaires sont intéressé·e·s, pourquoi ne pas tenter l'expérience ? Cette approche peut faciliter la communication et ouvrir la voie à de nouvelles expériences qui renforceront votre connexion intime.

Adopter un « *safe word* » en sexualité, à savoir un terme ou une expression spécialement choisis par les partenaires engagé·e·s dans une activité sexuelle ou BDSM (bondage, discipline, domination, soumission, sadisme, masochisme), permet d'établir un moyen clair de communication et de consentement mutuel. Il s'agit d'un signal d'arrêt immédiat, distinct de toute autre communication, qui permet à n'importe quel partenaire de mettre fin à l'activité si elle devient inconfortable, douloureuse, ou si les limites fixées sont dépassées. Le *safe word* est un élément crucial pour garantir une expérience sexuelle consensuelle, respectueuse et sécurisée. Il encourage la communication ouverte, la confiance et le respect des limites de chacun, renforçant ainsi la notion de consentement éclairé dans toutes les pratiques sexuelles.

Dans les relations intimes en dehors du contexte BDSM, l'utilisation d'un *safe word* se révèle aussi d'une importance capitale. Ce concept de communication s'avère être un précieux atout pour instaurer une relation saine et sécurisée entre les partenaires. Il permet avant tout d'établir clairement les limites personnelles, favorisant ainsi un environnement où chacun·e se sent à l'aise pour exprimer son ressenti. De plus, le *safe word* assure que le consentement est explicite et révocable à tout moment, offrant ainsi une assurance de la consensualité des activités intimes. En outre, il joue un rôle essentiel dans la réduction des malentendus qui peuvent survenir au sein des relations intimes, offrant une solution claire pour mettre fin à une situation inconfortable. De même, il est un outil précieux pour garantir la sécurité émotionnelle, permettant à chacun·e de signaler le besoin de faire une pause, de discuter de ses émotions ou de solliciter du soutien en toute confiance. Enfin, dans des situations d'urgence ou de danger, le *safe word* peut servir à signaler rapidement un problème et à mettre fin à une activité, minimisant ainsi les risques de traumatismes ou de blessures. En somme, dans les relations intimes en dehors du BDSM, le *safe word* est bien plus qu'un simple mot : c'est un moyen puissant d'assurer une communication ouverte, le respect des limites et le consentement mutuel, renforçant ainsi la confiance et le bien-être des partenaires.

Si le *safe word* fait partie des pratiques à adopter pour pratiquer une sexualité plus *safe*, le dépistage a également une grande importance.

OÙ ET COMMENT SE FAIRE DÉPISTER ?

Le dépistage ne devrait pas être tabou, pourtant on en parle assez peu. Il est néanmoins essentiel pour la santé intime et globale même lorsque l'on n'a qu'un·e seul·e partenaire depuis plusieurs années, certaines MST et IST pouvant se déclencher longtemps après la contamination. Tu ne sais pas où et quand consulter ? Voici quelques informations :

- les laboratoires publics ou privés ;
- les centres gratuits d'informations, de dépistage et de diagnostic (CeGIDD) ;
- les centres de planification et d'éducation familiale (CPEF) ;
- les centres de protection maternelle et infantile (PMI) ;
- les associations de lutte contre le sida ;
- les permanences d'accès aux soins de santé pour personnes en situation de précarité (PASS).

QUAND SE FAIRE DÉPISTER ?

Il est recommandé de réaliser un dépistage :

- avant d'arrêter le préservatif avec un·e nouveau·elle partenaire ;
- dès que tu as un doute après un rapport pénétratif ou non ;
- quand tu te rends compte de petits signes gênants dans ton confort intime et sexuel ;
- après un rapport non protégé ;
- si ton·ta partenaire ou ex-partenaire est porteur·se d'une IST.

Il est recommandé de se faire dépister plus régulièrement dans certaines situations :

- tous les ans chez les personnes originaires de pays à forte prévalence de l'infection au VIH et/ou les usager·ère·s de drogues à injection.

On peut te proposer un dépistage :

- si on te diagnostique une IST autre que le VIH comme une hépatite B ou encore une hépatite C ;
- si on te diagnostique une tuberculose ;
- en cas de grossesse ou de projet de grossesse ;
- lors de la prescription d'une contraception ou d'une interruption volontaire de grossesse (IVG).

BON À SAVOIR

Le dépistage de la syphilis est obligatoire pour les femmes en début de grossesse. On le recommande pour le·la conjoint·e également.

EXERCICE

Déconstruire mon image

On parle beaucoup, dans notre société, de désexualiser le corps de la femme qui est souvent sexualisé à outrance dès le plus jeune âge, mais dans notre intimité, arrivons-nous à nous reconnecter réellement à cette sexualité ? Bien entendu, le corps est très loin de n'être que sexuel, toutefois quand nous décidons qu'il doit l'être dans notre intimité, pouvons-nous en profiter pleinement ? Quels regards porte-t-on sur lui ?

Décris ton corps en termes simples et qui n'ont rien à voir avec une sexualisation, par exemple : « mon corps est grand, j'ai de longues jambes, des petites mains… » Décris ensuite les mêmes parties de ton corps en les sexualisant : « *Mon corps est souple et doux, j'ai de belles jambes élancées et sexy, des mains fines et agiles…* » Nous verrons plus tard à quel point il est important d'érotiser son corps.

Tu n'arrives pas à décrire ton corps de manière érotique ou sexy ? Continuons à nous concentrer sur cela. Tu vas t'attarder sur chacune des parties de ton corps pour essayer de les qualifier érotiquement.

TON EXERCICE

Mon corps est :

....

....

....

....

....

....

....

Mes lèvres :

....

....

....

....

Mes mains :

....

....

....

....

Ma gorge/mon cou :

....

....

....

....

Mon dos :

....

....

....

....

Ma poitrine :

....

....

....

....

Mon bassin :

Mes cheveux :

Mes cuisses/mes hanches :

Mes jambes :

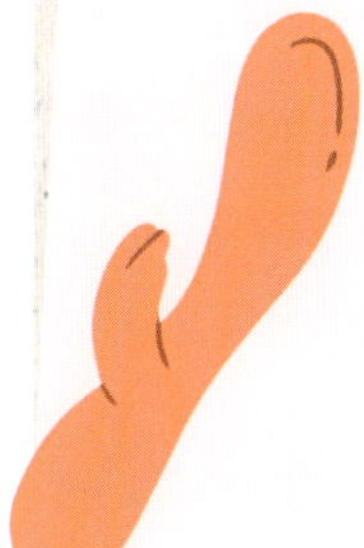

Mes pieds :

Exercice

Art-thérapie

Et si tu prenais le temps de dessiner des corps ? Tu as bien sûr le droit de décalquer si c'est plus simple pour toi. Seule obligation, tu dois varier les corpulences, les couleurs, les tailles. Célèbre le corps sous toutes ses formes.

TON EXERCICE

LES PROFILS SEXUELS

Le sexe, nous sommes nombreux·ses à aimer ça, mais tous et toutes de manière assez différente. Certain·e·s professionnel·le·s du milieu, comme des sexologues, ont pu schématiser les profils sexuels que nous pouvons retrouver chez la majorité des personnes. Il est important de pouvoir identifier ses désirs et de se connaître soi-même sur le plan sexuel.

Voici le panel de profils mis en avant par Cécilia Marin (cet extrait d'article, publié sur le *HuffPost* américain, a été traduit par Typhaine Lecoq-Thual pour Fast ForWord)[1].

- **Les déstresseur·euse·s :** iels utilisent le sexe comme un moyen d'évacuer le stress et la pression ainsi que les tensions quotidiennes. Il s'agit du moment idéal pour décompresser, que ce soit physiquement ou mentalement. Cela peut notamment entraîner une focalisation uniquement sur soi comme si le plaisir n'était qu'une finalité.
- **Les explorateur·ice·s :** iels cherchent sans cesse à faire de nouvelles expériences, ce qui est le plus important pour iels, c'est de prendre du plaisir et de s'amuser sans prise de tête. Iels sont toujours partant·e·s pour tenter de nouvelles pratiques sans savoir si iels vont les apprécier ou non, mais éprouvent du plaisir à essayer de nouvelles choses. Expérimenter est un plaisir.
- **Les adeptes du partage :** iels cherchent avant tout à partager des moments en commun. Iels aiment faire plaisir mais attendent aussi en retour un partage juste. Très généreux·ses, iels le sont tout autant sur le partage des besoins et envies d'iels-mêmes et des autres.
- **Les généreux·ses :** ce sont des personnes qui ont tendance à mettre uniquement le plaisir de leur(s) partenaire(s) en avant et non le leur. De ce fait, si une partie de l'attention est trop portée sur iels pendant l'action, iels peuvent se sentir mal à l'aise ou fuir la situation ; généralement, le lâcher-prise est compliqué pour ce type de personne dans la sexualité.

1. https://www.huffingtonpost.fr/life/article/voici-les-personnalites-sexuelles-identifiees-par-une-sexologue_155890.html

- **Les gardien·ne·s :** rien n'est plus important pour iels que de se sentir en sécurité avec leur(s) partenaire(s) et de créer un environnement *safe*, souvent par peur de revivre des expériences passées. Iels peuvent mettre parfois du temps avant de se laisser aller et de se libérer dans leur sexualité.
- **Les passionné·e·s :** cette personnalité sexuelle place la passion, l'intensité et le plaisir au cœur de ses échanges et de ses relations intimes. Elle aime faire du sexe un moment de lâcher-prise et d'abandon en libérant son énergie et ses pulsions animales positives ou négatives.
- **Les épicurien·ne·s :** le plaisir avant tout, iels en veulent toujours et toujours plus, un peu comme Samantha dans *Sex and the City*. Iels peuvent tout autant prendre du plaisir dans une longue relation comme avec un plan d'un soir, connaissent généralement bien leur fonctionnement et aiment partager autour de celui-ci. Souvent très ouvert·e·s d'esprits, iels aiment parler de sexualité et échanger sur le sujet.
- **Celles et ceux qui ont le sens des priorités :** iels placent le sexe dans leur top 3 côté santé mentale et santé d'un couple ou d'une relation. Même fatigué·e, malade ou HS, il y a toujours un moment pour du sexe. C'est un élément essentiel de leur vie et de leur équilibre.
- **Les romantiques :** iels aiment partager un réel moment d'intimité, se sentir connecté·e·s à l'autre et vivre un moment fort à deux ou plus. Aussi bien physiquement qu'émotionnellement, ces personnes ont besoin de se sentir complètement connectées à leur(s) partenaire(s) pour se libérer mentalement dans leur intimité. Cela ne veut pas dire que ces personnes souhaitent uniquement des relations romantiques, mais que leurs manières de fonctionner font appel à la connexion à l'autre.
- **Les spirituel·le·s :** pour les spirituel·le·s, le sexe doit être vécu comme une expérience transcendante et mentale. Iels sont d'ailleurs particulièrement sensibles à certaines philosophies orientales, comme le tantrisme. Iels mélangent l'amour, la sexualité, les croyances, etc. On retrouve également ce qui touche au féminin sacré dans cette catégorie.
- **Ceux et celles qui aiment les sensations fortes :** naturellement, les pratiques BDSM n'ont aucun secret pour les personnes appartenant à ce profil. Le but est de flirter avec les tabous et de ne surtout pas tomber dans une sexualité lisse et consensuelle, bref, ne pas avoir une sexualité vanille mais une sexualité exploratrice dans plusieurs domaines.

Exercice

Dans quel(s) type(s) de sexualité est-ce que je me reconnais ?

Inscris les trois principaux types de sexualité qui, selon toi, te définissent et explique ce que tu aimes dans ceux-ci. Si tu as un·e ou des partenaires en ce moment, demande-leur quelles sont, selon iels, les sexualités qui te décrivent le mieux et échangez sur le sujet si vous le souhaitez.

TYPE 1

TYPE 2

TYPE 3

Exercice

Découvrir mes besoins

Identifier ses besoins et ses envies, ce n'est pas toujours aisé, et dresser des listes est un moyen assez simple d'imposer à son imagination et à sa réflexion une recherche dans les plaisirs. Liste ce dont tu as besoin selon toi pour être épanoui·e dans ta sexualité. Tu peux répartir ces points en deux colonnes : les besoins émotionnels (par exemple, « j'ai besoin d'aimer ma, mon ou mes partenaires ») et les besoins physiques (« j'ai besoin de prendre mon temps pour la pénétration »).

À QUOI CET EXERCICE SERT-IL ?

L'exercice d'identification des besoins et des désirs en matière de sexualité revêt une grande importance. Il permet une profonde compréhension personnelle et améliore la communication avec les partenaires. Cette démarche bénéficie non seulement à soi-même, mais aussi à des relations sexuelles épanouissantes et saines. Les listes de besoins et de désirs servent de guides pour explorer et enrichir sa vie sexuelle.

D'un côté, elles clarifient les besoins émotionnels, comme la connexion, la confiance et la communication, cruciaux pour établir une intimité solide. De l'autre côté, les besoins physiques, comme les préférences pour certaines pratiques sexuelles, sont tout aussi essentiels pour garantir la satisfaction mutuelle.

PAR EXEMPLE

Besoins émotionnels	Besoins physiques
J'ai besoin d'aimer ma, mon ou mes partenaires.	J'ai besoin de prendre mon temps pour la pénétration.

TON EXERCICE

«La créativité est comme le désir sexuel. Elle se renouvelle jour après jour.»

Hanif Kureishi

TON EXERCICE

Que t'inspire cette citation ?

Exercice

Prise de conscience

Tu commences petit à petit à mieux t'écouter, à mieux cerner tes envies et tes attentes par rapport à ta sexualité et à toi-même. Maintenant que tu as pris conscience de tout ça, concentre-toi sur la manière dont elles se manifestent dans ta vie et dans ton intimité.

ET SI ON TRAVAILLAIT SUR TES DÉSIRS?

Le désir en sexualité se réfère à un état émotionnel et psychologique qui pousse une personne à vouloir s'engager dans des activités sexuelles. Il s'agit d'une composante fondamentale de la sexualité humaine qui peut être influencée par une variété de facteurs, notamment les émotions, les sensations physiques, les stimuli visuels, les contextes sociaux et les expériences personnelles.

Le désir sexuel peut varier considérablement d'une personne à l'autre, et il n'est pas toujours présent de manière constante ou uniforme. Certaines personnes peuvent avoir un désir sexuel intense et fréquent, tandis que d'autres peuvent éprouver un désir plus sporadique ou faible. Le désir peut également être influencé par des facteurs tels que le stress, la santé physique, les médicaments, la relation avec un·e partenaire et les événements de la vie.

Il est important de noter que le désir sexuel est une expérience personnelle et subjective et qu'il n'y a pas de niveau « normal » de désir. Ce qui compte le plus, c'est que le désir sexuel soit consensuel, satisfaisant et épanouissant pour la personne concernée et sa, son ou ses partenaires.

Prends le temps de te concentrer avant de répondre aux prochaines questions :

TON EXERCICE

À quel moment éprouves-tu du désir ?

....

....

....

....

À quand remonte la dernière fois où tu as éprouvé du désir, et pour qui ? Dans quel contexte ? Dans quelle situation te sens-tu désirable ?

....

....

....

....

As-tu tendance à aller chercher le désir de l'autre ou plutôt à accueillir le désir d'autrui ?

....

....

....

....

Y a-t-il des moments où tu ressens plus du désir qu'à d'autres ?

....

....

....

....

Y a-t-il des moments où tu ressens moins de désir qu'à d'autres ?

Te sens-tu pleinement satisfait·e dans tes désirs et dans ta vie intime ? Arrives-tu à ressentir de l'autoérotisme ?

Est-il acceptable pour toi d'éprouver du désir pour d'autres personnes que ton·ta partenaire ? Penses-tu que le désir est quelque chose de sain ou de plutôt malsain ?

Est-ce que tu ressens du désir pour l'acte sexuel plutôt que pour une personne, parfois ?

Ressens-tu l'envie d'apprendre en matière de sexualité ou de découvrir de nouvelles expériences ?

....

....

....

....

As-tu déjà éprouvé du désir dans un moment où tu ne t'y attendais pas ?

....

....

....

....

As-tu identifié les zones de ton corps qui sont les plus érogènes pour toi ?

....

....

....

....

As-tu déjà ressenti du désir à réaliser des choses que tu n'as jamais essayées ?

....

....

....

....

D'AILLEURS UNE ZONE ÉROGÈNE, QU'EST-CE QUE C'EST ?

Une zone érogène est une région spécifique du corps humain qui, lorsqu'elle est stimulée, peut provoquer des sensations sexuelles agréables et attiser le désir sexuel. Ces zones sont particulièrement sensibles à la stimulation tactile et peuvent varier d'une personne à l'autre en termes de sensibilité et de réponse.

Certaines zones érogènes sont bien connues, comme les organes génitaux, les mamelons, les lèvres et le cou. Cependant, il existe de nombreuses autres zones érogènes sur le corps humain, dont certaines qui peuvent être moins évidentes. Par exemple, il y a des personnes pour qui, les oreilles, l'intérieur des cuisses, les pieds ou même le dos peuvent être des zones particulièrement sensibles.

OUI MAIS JE N'AI PAS DE DÉSIR, COMMENT CELA SE FAIT-IL ?

En sexothérapie, il est important de comprendre que l'absence de désir sexuel, ou ce que l'on appelle parfois la « perte de libido », peut être une expérience normale pour certaines personnes à différents moments de leur vie. La sexualité est complexe et peut être influencée par de nombreux facteurs, tant physiques que psychologiques.

L'absence de désir sexuel ou une perte de libido peuvent résulter de divers facteurs, tels que le stress, l'anxiété, des problèmes relationnels, des changements hormonaux, des effets secondaires de médicaments, des antécédents de traumatismes sexuels, des problèmes de santé physique, des préoccupations psychologiques comme la dépression ou l'anxiété, ainsi que la fatigue chronique. Il est important de noter que la perception de ce qui est « normal » en termes de désir sexuel varie d'une personne à l'autre, et l'absence de désir peut être une expérience temporaire ou plus durable selon la cause sous-jacente.

LES DIFFÉRENTS DÉSIRS

Il existe deux sortes de désir, le désir spontané et le désir réactif.

- Le **désir spontané** vient d'un stimulus interne. Par exemple, tu es en train de penser à quelqu'un·e ou à un moment intime que vous avez eu ensemble et cela te mène à du désir. Le désir spontané, en matière de sexualité, se réfère à la manifestation soudaine et non provoquée d'une envie ou d'un besoin sexuels. Il s'agit d'un type de désir qui survient sans stimulation préalable évidente, telle qu'une stimulation physique ou visuelle directe, ou sans cause spécifique apparente. Le désir spontané est souvent associé à l'idée traditionnelle du « désir sexuel » tel qu'il est souvent représenté dans la culture populaire, où une personne ressent soudainement une forte envie d'activité sexuelle.
- Le **désir réactif** vient en réaction, en réponse à quelque chose : tu es en train d'être embrassé·e par une personne, cela amène ton désir à augmenter en réaction à l'acte. Le désir réactif, en matière de sexualité, se réfère à un type de désir sexuel qui émerge en réponse à une stimulation ou à une situation sexuelle spécifique.
- On peut parfois avoir des **non-concordances** entre nos désirs : tu as envie d'un acte sexuel, mais ton corps ne va pas produire de cyprine ou ne réussit pas à avoir une érection. Ton corps a alors dissocié ses envies et ses réactions physiologiques, ce n'est pas très grave et cela arrive. Notre corps ne montre parfois pas de signes de désir même si celui-ci est présent dans notre tête.

LES PLAYLISTS

Tu cherches des playlists pour accompagner tes moments de désirs ? Voici quelques idées pour des moments seul·e ou à deux.

Pour les moments doux et romantiques :

- *Sweetest Taboo* – Sade
- *Vision of Love* – Mariah Carey
- *Baby Can I Hold You* – Tracy Chapman
- *You're Beautiful* – James Blunt
- *Angels* – Robbie Williams
- *Just the Way you Are* – Bruno Mars
- *Easy on Me* – Adele
- *You Are the Reason* – Calum Scott
- *It'll Be Okay* – Shawn Mendes
- *I'm Yours* – Jason Mraz
- *All of Me* – John Legend

Pour les moments sensuels :

- *I Put a Spell On You* – Annie Lennox
- *Love On the Brain* – Rihanna
- *I Am the Fire* – Ghost Monroe
- *Earned It* – The Weeknd
- *Say Love Me* – Jessie Ware
- *Speechless* – Beyoncé
- *Dangerous Woman* – Ariana Grande
- *Not Afraid Anymore* – Halsey
- *Sexual Healing* – Marvin Gaye
- *Hold Back the River* – James Bay

Pour les moments *hot* :

- *I Just Want to Make Love to You* – Etta James
- *Toxic* – Scott Bradlee's Postmodern Jukebox
- *Power* – Kanye West
- *River* – Bishop Briggs
- *I See Red* – Everybody Loves an Outlaw
- *Feeling Good* – Michael Bublé
- *Yeah, I Said it* – Rihanna
- *Streets* – Doja Cat
- *Temperature Rising* – Tory Lanez
- *Earned It* – The Weeknd

MA PLAYLIST

QUIZ

Es-tu plutôt désir spontané ou désir réactif ?

Voici un quiz en dix questions pour déterminer si tu es plutôt orienté·e vers le désir spontané ou le désir réactif en matière de sexualité. Choisis la réponse qui correspond le mieux à tes expériences et à tes préférences.

Comment décrirais-tu généralement ton désir sexuel ?

★ Il est souvent présent sans provocation.

♥ Il se manifeste généralement en réponse à une stimulation ou à une situation érotique.

Quand as-tu tendance à ressentir le plus d'envie sexuelle ?

★ À divers moments, sans raison apparente.

♥ Lorsque je suis dans une situation intime ou lorsque je suis stimulé·e par ma·mon partenaire.

Comment réagis-tu à des avances sexuelles inattendues de ton·ta partenaire ?

★ Je suis généralement réceptif·ive et excité·e.

♥ J'ai parfois besoin d'un peu de temps pour me sentir excité·e et prêt·e à répondre positivement.

Quelle est ta réaction lorsque tu vois ou entends quelque chose de sexuel dans un film ou une conversation ?

★ Je peux être instantanément excité·e et intéressé·e.

♥ Mon niveau d'excitation augmente si je suis déjà dans un contexte érotique, sinon cela peut ne pas me stimuler autant.

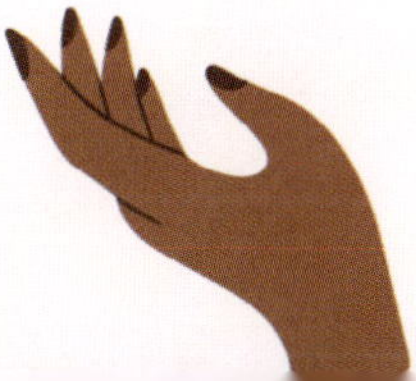

À quelle fréquence ressens-tu spontanément le besoin de satisfaire ta propre curiosité sexuelle, même sans stimulation extérieure ?

★ Fréquemment, j'ai régulièrement envie d'explorer ma sexualité.

♥ De temps en temps, je suis plus enclin·e à explorer lorsque quelque chose suscite mon intérêt.

Comment décrirais-tu ta réponse aux moments d'intimité ou d'affection avec ton·ta partenaire, même s'ils ne sont pas nécessairement sexuels ?

★ Ces moments peuvent souvent déclencher du désir sexuel.

♥ J'ai tendance à séparer le désir de l'intimité émotionnelle et des moments câlins.

Comment réagis-tu aux préliminaires et aux jeux sexuels avec ton·ta partenaire ?

★ J'ai généralement envie de participer activement.

♥ Mon désir sexuel augmente progressivement à mesure que les préliminaires progressent.

À quel point te sens-tu à l'aise d'engager une activité sexuelle sans stimulation préalable ?

★ Très à l'aise, j'ai souvent envie de démarrer des activités sexuelles spontanées.

♥ Je préfère généralement avoir une stimulation ou une occasion de désir pour commencer des activités sexuelles.

Comment réagis-tu lorsque tu es distrait·e ou stressé·e par d'autres aspects de ta vie ?

★ Mon désir sexuel peut toujours être présent malgré le stress ou les distractions.

♥ Le stress ou les préoccupations peuvent temporairement réduire mon désir sexuel.

Quelle est ta préférence en ce qui concerne la planification de l'intimité avec ton·ta partenaire ?

★ J'aime parfois commencer des moments intimes spontanés.

♥ J'apprécie souvent la planification pour créer une atmosphère et me mettre dans l'ambiance.

RÉSULTATS

Si tu as principalement répondu « ★ », cela indique que tu es plus enclin·e au désir spontané.

Si tu as principalement répondu « ♥ », cela suggère que tu es plus orienté·e vers le désir réactif.

Garde à l'esprit que ces catégories ne sont pas strictes et que le désir sexuel peut varier en fonction de nombreuses circonstances. L'essentiel est de comprendre tes préférences et de communiquer ouvertement avec ton·ta partenaire pour créer une vie sexuelle satisfaisante pour les deux.

Exercice

Fantasmes et curiosité

On parle souvent de la curiosité comme d'un vilain défaut… et pourtant, dans la sexualité, elle est essentielle pour se découvrir, découvrir l'autre, découvrir des pratiques, construire sa relation avec son propre plaisir. Elle permet également de ne pas avoir une sexualité figée, de ne pas être dans la routine ou encore l'ennui. Elle permet d'imaginer, de rêver, de laisser place aux fantasmes et aux nouvelles expériences.

On me demande souvent s'il existe des fantasmes « bons » ou « mauvais », mais la vérité, c'est que la sexualité est une expérience personnelle et subjective. Ce qui peut te sembler excitant et passionnant peut ne pas l'être pour quelqu'un d'autre, et c'est totalement normal. Les fantasmes sont comme un jardin secret de désirs, une fenêtre vers notre imagination la plus profonde. Ils peuvent être romantiques, coquins, exotiques ou même un peu fous. L'important, c'est de les explorer consensuellement et dans le respect des limites de ton·ta partenaire. Il n'y a pas de jugement ici, car ce qui compte vraiment, c'est que tu te sentes à l'aise avec tes fantasmes.

MAIS QU'EST-CE QU'UN FANTASME À PROPREMENT PARLER?

En sexologie, un fantasme est une pensée, une image, une idée ou un scénario sexuel imaginé qui peut générer de l'excitation ou du désir sexuel. Ces fantasmes peuvent être créés dans l'esprit de manière consciente ou inconsciente, et varient très souvent d'une personne à l'autre. Les fantasmes peuvent impliquer des situations, des partenaires, des actes sexuels, des lieux, des rôles, des costumes, des fétiches, etc.

Il est important de noter que les fantasmes ne sont pas nécessairement des désirs ou des intentions d'agir concrètement, mais plutôt des expressions de la richesse de la vie sexuelle et de l'imagination humaine ; ils n'ont pas toujours vocation à être réalisés en soi. Ils peuvent jouer un rôle positif dans la vie sexuelle en pimentant les relations intimes, en aidant à explorer ses propres désirs et préférences et en favorisant l'excitation sexuelle. La sexologie considère que les fantasmes sont une composante normale et saine de la sexualité humaine, et ils ne doivent pas être jugés en soi. Cependant, il est essentiel de respecter les limites du consentement et de la légalité dans la réalisation de fantasmes, et de les explorer de manière responsable et consensuelle avec les partenaires.

Note ci-dessous la liste des envies ou fantasmes qui te traversent parfois l'esprit et dont tu n'as jamais tenté l'expérience. Liste ensuite les raisons pour lesquelles tu ne les a jamais réalisés. Penses-tu pouvoir choisir une de ces expériences et l'initier prochainement dans ta vie personnelle ?

Ce sera ton petit défi de la semaine, si tu ne te sens pas enclin·e à le réaliser, tu peux prendre le temps d'en discuter avec ton, ta ou tes partenaires dans une relation, ou, si tu préfères, prendre le temps d'imaginer ce moment, d'en imaginer chaque détail, chaque instant et le plaisir que cela peut t'apporter.

LA LISTE DES TES ENVIES OU DE TES FANTASMES

TES RAISONS

Exercice

Le mandala du lâcher-prise

Et si tu commençais à lâcher prise sur ce qui pourrait te retenir de t'épanouir dans ta sexualité et à voir ce qu'il y a à laisser de côté avant de se reconnecter à celle-ci ? Liste ce qui selon toi impacte de manière négative ta connexion à toi-même ou à ton·ta partenaire, comme le stress par exemple ou encore un traumatisme. Entoure chaque point de ta liste d'une couleur différente. Une fois que ta liste est terminée, sers-toi des mêmes couleurs pour compléter et colorier ton mandala. Pendant ce moment de calme et de concentration, prends conscience que chaque poids, chaque expérience même négative peut se transformer grâce à ta force intérieure en une force et en quelque chose de positif et de beau. Termine ton temps de coloriage en écrivant cette phrase en bas de page : « Je laisse et dépose ici les poids dont je ne veux plus dans ma vie intime, et je profite de cet instant pour me remercier d'avoir eu la force de traverser ces épreuves, je peux désormais aller de l'avant. »

RAPPEL

Dans la sexualité, on parle beaucoup de son rapport aux autres. Oui, il faut être deux ou plus pour une grande partie de notre sexualité, mais on oublie que le rapport au corps, à la culture érotique, à la sexualité est aussi un rapport à soi, et c'est en cela que nous avons besoin de nous reconnecter à celle-ci. On a tendance à tout de suite parler de sexualité avec autrui alors que celle-ci doit avant tout nous être propre. Découvrir son mode d'emploi, son fonctionnement, conscientiser sa sexualité, travailler sur soi, c'est aussi essentiel sur beaucoup de points. Non, ce n'est pas égoïste de penser à soi avant de penser à l'autre, c'est même plutôt très sain. Apprivoiser son corps, son esprit, mais aussi son anatomie ou ses envies, ce n'est pas forcément inné et cela peut s'apprendre et se travailler au quotidien.

TA LISTE

....

....

....

....

....

....

....

....

....

....

....

....

....

....

....

....

....

....

TON COLORIAGE

EXERCICE

Apprivoiser mon corps

Réponds à cette série de questions le plus vite possible par « oui » ou « non » ou une réponse courte, puis à la deuxième de manière plus réfléchie. La première série de questions demande une réponse rapide car elle reflète la perception de « façade » de ton corps ou de ta manière de penser, alors que la deuxième série demande plus de réflexion. Une fois cette seconde série effectuée, reprends les questions de la première. Est-ce que tes réponses ont changé ? Si c'est le cas, pourquoi ?

SÉRIE 1

Connais-tu ton corps d'un point de vue anatomique ?	Oui	Non
Peux-tu mentionner différentes parties de ton sexe ?	Oui	Non
Sais-tu dessiner ces mêmes parties ?	Oui	Non
As-tu déjà pris le temps de regarder en détail ton anatomie intime ?	Oui	Non
Penses-tu connaître au moins cinq emplacements de tes grains de beauté hors visage ?	Oui	Non
As-tu des cicatrices sur le corps et/ou le visage ?	Oui	Non
Quelle est la partie de ton corps que tu aimes le plus ?	Oui	Non
Quelle est la partie de ton corps que tu aimes le moins ?	Oui	Non
Qu'est-ce qui te rend désirable aux yeux des autres, selon toi ?	Oui	Non
Qu'est-ce que tu trouves désirable chez toi ?	Oui	Non

SÉRIE 2

Saurais-tu dessiner les parties citées de ton corps si on te le demandait ?

Cite ces cinq parties de ton corps où tes grains de beauté apparaissent.

Décris tes cicatrices sans les regarder (emplacement, forme) et vérifie à la fin.

Décris la partie de ton corps que tu préfères,
de manière sensuelle.

Décris la partie de ton corps
que tu aimes le moins de manière sensuelle,
en expliquant ce pour quoi tu ne l'aimes pas.

Fais une liste de cinq parties de ton corps que tu trouves désirables non pas physiquement, mais mentalement. Par exemple : « Mes cheveux, ils me font me sentir désiré·e, beau ou belle et désirable », ou encore « Mes mains, car elles expriment le fait que je sois féminine (ou ma masculinité) », etc.

QUINZE FAÇONS DE PRENDRE SOIN DE TOI QUI PEUVENT T'APPORTER UN MOMENT DE BIEN-ÊTRE OU DE SENSUALITÉ

- Manger un plat que tu aimes.
- T'offrir une séance photo ou réaliser un autoportrait.
- Marcher dans la nature.
- Danser sur une musique que tu trouves sensuelle.
- Commencer un nouveau roman.
- Te créer une playlist *good vibes*.
- Prendre soin de ton corps, de tes mains, de tes pieds ou de tes cheveux chez un·e professionnel·le ou à la maison.
- Te coucher plus tôt une fois par semaine.
- Faire une activité régressive, comme regarder un dessin animé.
- Te créer une routine matinale.
- Établir une liste de gratitude.
- Lire un livre ou écouter un podcast érotique.
- Trier tes photos dans ton téléphone et imprimer tes préférées.
- Pratiquer une méditation guidée centrée sur l'ancrage.
- Faire le tri dans tes abonnements sur les réseaux sociaux.

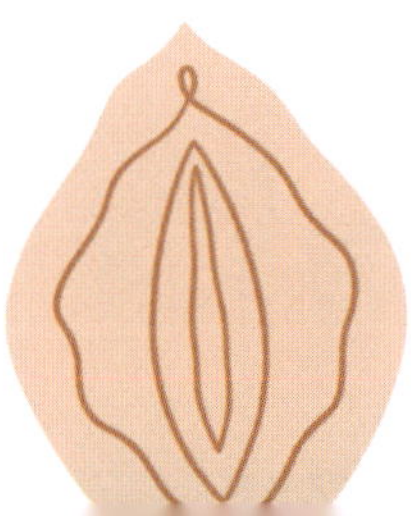

Exercice

L'auto-date

Et si on s'auto-*datait* ? Quand on rencontre quelqu'un·e, on prend (le plus souvent) les chemins de la séduction, mais se séduit-on soi-même de temps en temps ?

Prends du temps pour toi, pour ce que tu aimes faire ou ce qui te fait du bien. Cela peut tenir à de l'érotisme ou à autre chose. Réserver une soirée pour prendre un bain, pratiquer la masturbation avec un podcast érotique par exemple ou une méditation sexo, ou simplement se faire une soirée cinéma/bon repas. Programme-toi un massage, va te promener dans ton coin de nature préféré, regarde ton film favori ou achète un roman qui te fait envie. Ce sera ton exercice de la semaine. Liste cinq choses que tu aimes faire pour toi, à ton corps, à ta tête. Choisis une de ces activités à faire cette semaine, et note-la dans ton planning. On fixe beaucoup de rendez-vous dans nos journées, à travers notre travail, à travers nos ami·e·s ou encore notre famille, il est temps de prendre un rendez-vous avec toi également. Si tu souhaites continuer l'exercice dans les mois qui suivent, tu viens de choisir cinq activités qui te font du bien, à faire dans les prochains mois ou les prochaines semaines.

Si tu n'as pas d'idée d'auto-*date*, voici une petite liste qui pourrait te donner des idées :

- ☐ Randonnée en pleine nature : pars en randonnée dans un parc national, une forêt ou le long d'une plage pour te reconnecter avec la nature et profiter de la solitude.
- ☐ Atelier de cuisine : apprends à cuisiner un plat ou à t'adonner à une cuisine du monde que tu adores, ou tente la pâtisserie pour préparer de délicieux desserts.

- ☐ Lecture : plonge-toi dans un bon livre que tu as toujours voulu lire. Crée un coin confortable chez toi avec une tasse de thé ou de café.
- ☐ Musée ou galerie d'art : explore une exposition ou une collection qui t'intéresse, prends le temps d'apprécier l'art et la culture.
- ☐ Yoga ou méditation : pratique le yoga ou la méditation pour te détendre et te recentrer sur toi-même.
- ☐ Carnet de voyage : si tu aimes écrire, commence un carnet de voyage où tu notes tes pensées, tes expériences et tes découvertes au fil de tes aventures en solitaire.
- ☐ Photographie : pars en balade avec ton appareil photo et capture des moments, des paysages ou des détails qui te fascinent.
- ☐ Sport ou activité physique : fais de l'exercice, que ce soit la course à pied, le vélo, la natation, ou tout autre sport que tu apprécies.
- ☐ Journal intime : tiens un journal intime pour exprimer tes pensées, tes émotions et tes objectifs personnels.
- ☐ Projet créatif : lance-toi dans un projet artistique ou artisanal, comme la peinture, la poterie, la couture ou le tricot.
- ☐ Cours en ligne : inscris-toi à un cours en ligne pour apprendre une nouvelle compétence ou approfondir un sujet qui te passionne.
- ☐ Visite d'une ville : explore une ville voisine que tu n'as jamais visitée auparavant, découvre sa culture, sa cuisine et ses attractions touristiques.
- ☐ Soirée spa à domicile : crée une ambiance relaxante avec des bougies, des huiles essentielles et prends soin de toi avec des soins du visage, un bain relaxant, et une manucure/pédicure.

Si tu souhaites faire un *date* avec ton·ta partenaire, tourne-toi plutôt vers cette liste :

- ☐ Pique-nique au parc : préparez un délicieux panier-repas, emportez une couverture et passez une journée en plein air à partager de la nourriture et des moments romantiques dans un parc.
- ☐ Cours de cuisine en couple : inscrivez-vous à un cours de cuisine où vous apprendrez à préparer ensemble un plat exquis que vous avez repéré sur les réseaux sociaux.

- ☐ Visite de musée : explorez un musée ou une galerie d'art, discutez des œuvres qui vous intéressent et découvrez de nouvelles perspectives artistiques.
- ☐ Soirée cinéma à la maison : organisez une soirée avec vos films préférés, des collations et des couvertures confortables, le *date* de rêve à la maison.
- ☐ Randonnée : partez en randonnée ensemble pour profiter de la nature, de l'air frais et du temps de qualité en plein air. C'est une activité gratuite que l'on peut faire partout.
- ☐ Soirée jeux de société : jouez à des jeux de société ou de cartes pour une soirée amusante et compétitive. Et pourquoi pas finir avec des activités un peu *spicy* !
- ☐ Visite de vignobles ou dégustation de bières artisanales : explorez les saveurs locales en visitant des vignobles ou des brasseries locales pour des dégustations.
- ☐ Cours de danse : prenez un cours de danse en couple, que ce soit la salsa, la danse de salon ou un autre style qui vous plaît.
- ☐ *Escape game* : testez votre esprit d'équipe en résolvant des énigmes dans un *escape game*.
- ☐ Concert ou spectacle : assistez à un concert en live, à une pièce de théâtre ou à un spectacle comique pour une soirée divertissante.
- ☐ Visite touristique : explorez les attractions touristiques de votre ville ou d'une ville voisine que vous n'avez pas encore découvertes, même proches de chez vous.
- ☐ Journée spa : passez une journée de détente dans un spa ou un centre de bien-être avec des massages et des traitements relaxants.
- ☐ Atelier artistique : participez à un atelier artistique, comme la poterie, la peinture ou la création de bijoux, pour fabriquer ensemble quelque chose de spécial.
- ☐ Balade à vélo : louez des vélos et partez en balade sur des sentiers pittoresques ou des pistes cyclables en ville.
- ☐ Cours de yoga en couple : pratiquez le yoga à deux pour renforcer votre connexion physique et émotionnelle.

Exercice

Ma jauge de communication

La sexualité et la communication sont deux choses extrêmement liées. On pense, à tort, que la communication se fait uniquement avec autrui, que l'on ne communique qu'avec l'autre, alors que la communication commence entre soi et soi-même avant de pouvoir communiquer par la suite avec d'autres partenaires (dans la vie comme dans la sexualité). Arrives-tu à quantifier les sujets où tu es plus ou moins à l'aise autour de la sexualité ? Remplis la jauge selon ta difficulté à aborder un sujet ou non.

TON EXERCICE

	1	2	3	4	5	6	7	8	9	10
Identifier tes besoins										
Identifier tes limites										
Communiquer autour de tes besoins										
Entendre et comprendre les besoins de l'autre										
Refuser une proposition										
Dire stop										
Dire non alors que tu avais d'abord dit oui										
Entendre un stop										
T'exprimer sur la manière dont tu as été rejeté·e										
Exprimer son ou ses envies										

	1	2	3	4	5	6	7	8	9	10
Parler de sexualité avec l'autre										
Explorer de nouvelles sensations/expériences										
S'autoriser des fantasmes										
S'autoriser une sexualité à soi quand on est en relation										
Recevoir de la part de l'autre										
Donner										
Respecter tes limites										
Gérer ta santé sexuelle										

Souvent, en filigrane d'une souffrance, il y a une difficulté à parler ou à se faire entendre, ou se cache une croyance plus grande. Est-ce que tu identifies certaines de ces croyances via tes différentes réponses ?

Qu'est-ce qui pourrait faire évoluer les choses qui sont actuellement difficiles pour toi vers une communication plus facile ?

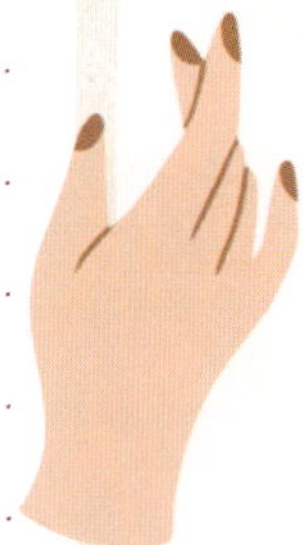

QUIZ

Quel est mon niveau de communication avec les autres ?

Quand ton·ta partenaire te pose une question sur tes préférences sexuelles, tu…

- ● réponds honnêtement et ouvertement ;
- ✗ évites la question ou réponds de manière vague ;
- ■ réagis en te sentant mal à l'aise ou en colère.

Quand tu as un désaccord avec ton·ta partenaire concernant la sexualité, tu…

- ● en discutes calmement et cherches une solution avec lui·elle ;
- ✗ évites de parler du sujet pour esquiver les conflits ;
- ■ t'énerves rapidement et refuses de discuter.

Lorsque ton·ta partenaire t'exprime ses besoins et désirs sexuels, tu…

- ● écoutes attentivement et essaies de les satisfaire ;
- ✗ écoutes, mais tu ne prends pas toujours en compte ses besoins ;
- ■ ignores ses besoins ou tu les critiques.

Si tu te sens mal à l'aise pendant une activité sexuelle, tu…

- ● le dis à ton·ta partenaire et arrêtes si nécessaire ;
- ✗ continues sans rien dire pour ne pas décevoir ton·ta partenaire ;
- ■ simules du plaisir pour mettre fin rapidement à l'acte.

Quand ton·ta partenaire te complimente sur ta performance sexuelle, tu…

- ● apprécies les compliments et les retournes de manière sincère ;
- ✗ les acceptes, mais ne crois pas toujours en leur sincérité ;
- ■ rejettes les compliments et dis que tu n'es pas bon·ne au lit.

Si tu as un fantasme sexuel que tu aimerais réaliser, tu…

- ● en parles ouvertement avec ton·ta partenaire et cherches à le réaliser avec lui ou elle ;
- ✗ gardes ton fantasme pour toi par peur de la réaction de ton·ta partenaire ;
- ■ essayes de réaliser ton fantasme sans en parler à ton·ta partenaire.

Quand ton·ta partenaire exprime une préoccupation ou un problème sexuel, tu…

- ● l'écoutes attentivement et offres un soutien ;
- ✗ évites de parler du problème pour ne pas rendre la situation gênante ;
- ■ blâmes ton·ta partenaire pour le problème.

Si tu ressens le besoin de plus d'intimité émotionnelle dans ta relation, tu…

- ● en parles avec ton·ta partenaire et cherches des moyens d'améliorer la connexion émotionnelle ;
- ✗ gardes tes sentiments pour toi par peur de les exprimer ;
- ■ cherches de l'intimité émotionnelle à l'extérieur de la relation.

Si ton·ta partenaire te propose une nouvelle expérience sexuelle, tu…

- ● es ouvert·e à l'idée et es prêt·e à l'essayer ;
- ✗ acceptes à contrecœur, même si cela ne t'intéresse pas vraiment ;
- ■ refuses catégoriquement sans discussion.

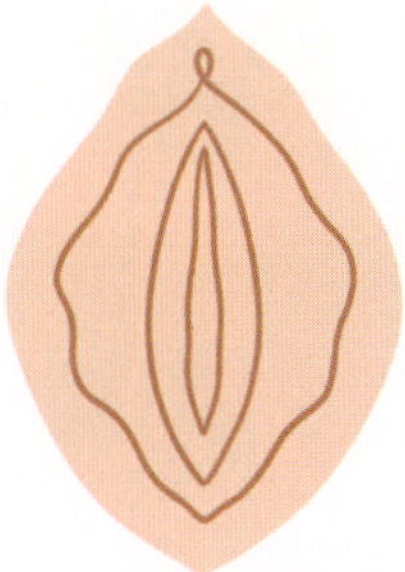

Quand tu as besoin de temps seul·e pour réfléchir ou te détendre, tu…

- ● le dis à ton·ta partenaire et trouves un compromis pour satisfaire vos besoins respectifs ;
- ✗ ne dis rien et prends du temps seul·e sans avertir ;
- ■ refuses catégoriquement que ton·ta partenaire ait du temps seul·e.

RÉSULTATS

Si tu as majoritairement des réponses « ● » : félicitations ! Ta communication dans ta relation semble être solide et saine. Tu es ouvert·e à l'écoute de ton·ta partenaire, à l'expression de tes besoins et à la résolution de problèmes. Continue à cultiver cette communication ouverte pour maintenir une connexion forte et épanouissante dans ta relation.

Si tu as majoritairement des réponses « ✗ » : il semble que tu aies parfois des difficultés à communiquer de manière optimale avec ton·ta partenaire. Il est important de reconnaître que la communication ouverte et honnête est essentielle pour une relation saine. Peut-être pourrais-tu travailler sur l'expression de tes sentiments, de tes besoins, et sur l'écoute active de ton·ta partenaire pour améliorer la qualité de la communication dans ta relation.

Si tu as majoritairement des réponses « ■ » : il semble y avoir des défis importants dans ta communication avec ton·ta partenaire. Une communication basée sur l'évitement, la colère ou le rejet des besoins de l'autre peut être préjudiciable à une relation. Il est essentiel de chercher des moyens d'améliorer la communication pour renforcer la connexion et la compréhension mutuelle.

UN PETIT BILAN S'IMPOSE

Tu viens de terminer la deuxième partie de ton carnet. Prends le temps de faire le point sur toi et ton avancement. Écris tes impressions sur tes derniers exercices. As-tu avancé sur toi-même, es-tu plus à l'écoute ? Commences-tu à comprendre les besoins de ton corps ?

À RETENIR

- Déconstruire prend du temps, parfois même beaucoup plus que la construction en elle-même.
- Identifier et verbaliser ses besoins n'est pas toujours facile, mais c'est essentiel pour avancer.
- La curiosité est primordiale pour une vie intime épanouie, la curiosité de soi, de ses envies et de ses besoins, mais aussi la curiosité envers les autres.
- Communiquer c'est la clé.

NOTES PERSONNELLES

TROISIÈME PARTIE

Me reconnecter à moi-même

Dans les deux premières parties de nos exercices, tu as porté ton attention sur le fait de comprendre et d'accepter tes problématiques puis tu as appris à te focaliser sur tes besoins, à les écouter et à les verbaliser. Et si on continuait le chemin ensemble ? Apprenons à nous reconnecter ! Se reconnecter, c'est apprendre à explorer sa nudité, son énergie, pour mieux vivre avec son corps, mais c'est aussi apprendre à se dégager du temps, à prendre le temps de travailler sur soi, sur ses peurs et d'y mettre l'énergie dont on a besoin pour développer sa confiance sexuelle.

Développer sa sexualité et la confiance que l'on a en soi-même, ce n'est pas avoir de l'ego ni vouloir être le·la meilleur·e mais apprendre à vouloir le meilleur pour soi, apprendre à s'épanouir, à continuer de se développer et être pleinement épanoui·e et aligné·e avec ses propres besoins et envies avant de l'être avec autrui.

La confiance sexuelle se réfère à la confiance et à l'estime de soi en ce qui concerne sa propre sexualité. Elle englobe plusieurs aspects, notamment la confiance dans ses compétences sexuelles, la perception de son propre attrait physique, et la capacité à s'exprimer et à communiquer sur ses désirs et besoins sexuels. La confiance sexuelle est une composante essentielle de notre vie intime. Tout d'abord, elle repose sur la croyance en nos compétences sexuelles. Cette conviction en nos capacités à satisfaire notre partenaire et à prendre du plaisir est un pilier de l'épanouissement sexuel. En parallèle, une estime de soi corporelle positive est cruciale. Se sentir bien dans sa peau et en harmonie avec son propre corps favorise une perception positive de son attrait physique, ce qui peut renforcer notre désir et notre confiance pendant les moments intimes.

La communication sexuelle joue également un rôle fondamental dans la confiance sexuelle. Être capable de s'exprimer ouvertement sur ses désirs et ses limites crée un environnement de confiance où les partenaires se comprennent mutuellement, ce qui contribue à des expériences sexuelles épanouissantes. De plus, l'acceptation de la diversité sexuelle est une facette importante de la confiance sexuelle, car elle promeut le respect des choix et des orientations sexuelles, tant pour soi-même que pour les autres.

Enfin, la santé sexuelle est un élément clé de la confiance sexuelle. Cela implique de prendre soin de sa santé sexuelle, d'acquérir des connaissances sur la prévention des IST, et de consulter un·e professionnel·le de la santé en cas de préoccupations. Une bonne santé sexuelle contribue à la confiance en soi et à la tranquillité d'esprit dans les interactions intimes. En somme, la confiance sexuelle est une mosaïque complexe de ces éléments, qui, une fois cultivée et entretenue, peut enrichir notre vie sexuelle et renforcer nos relations intimes.

Exercice

L'art de me magnifier

Et si tu te donnais le temps de te prendre en photo ? Un joli selfie non pas de ton visage, mais de ton corps. Tu peux être habillé·e ou pas, prendre en photo une partie de ton corps ou tout ton corps. Le but ? Le faire pour toi, trouver une position, une lumière, une ambiance que tu aimes et où tu te trouves beau, belle. Non, tu ne peux pas prendre l'excuse « je n'ai pas d'appareil photo », nous avons tous et toutes des smartphones dans nos poches ! Tu n'as pas d'idée ? C'est encore mieux. Ce moment créatif va te prendre du temps, un temps de recherche sur les réseaux sociaux ou sur Pinterest pour t'inspirer, et c'est en ça qu'il est important pour que tu te reconnectes.

QUELQUES ASTUCES

- Mets en valeur une partie de ton corps que tu aimes, tes mains, tes cheveux, ta poitrine…
- Choisis une jolie lumière ou une journée ensoleillée.
- Si tu es en panne d'idées, reproduis une photo que tu as trouvée et que tu as aimée.

EXERCICE BONUS

Tu as un·e de tes partenaires dans le coin ? Demande-lui ou demande-leur de réaliser également une photo de toi ou de la partie de ton corps qu'iels trouvent belles. Tu as même le droit de la glisser dans les pages de ton carnet comme marque-page.

Tu souhaites effectuer cet exercice avec ton·ta partenaire ? *Go baby* ! Pourquoi n'auriez-vous pas de belles photos de votre relation ? Petits tips, regarde des inspirations de photos de « couple » sur Pinterest, par exemple, épingle celles que tu aimes pour les reproduire à ta manière. Pour une variante plus artistique, des marques proposent des box à utiliser à deux, le but étant de créer une peinture/œuvre avec vos corps et de la peinture. Le tout proposé avec une bâche pour éviter d'abîmer votre appartement. Une petite idée de *date* sympa !

«Vivre c'est changer,
voilà la leçon que les saisons
nous enseignent.»

Paulo Coelho

TON EXERCICE

Que t'inspire cette citation si tu la transposes au travail que tu fais avec ce carnet ?

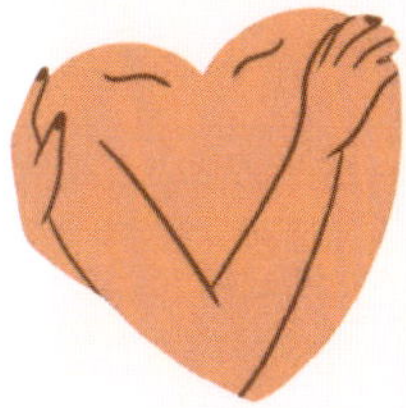

Exercice

Ma bienveillance et moi

L'Homme avec un grand H a plutôt tendance à être dur envers lui-même, peu importe le sujet ; n'en parlons même pas quand il s'agit de sexualité et de psychologie, alors que nous faisons de petits pas tous les jours pour arriver à évoluer et à grandir.

La bienveillance envers soi-même est une qualité précieuse qui consiste à traiter sa propre personne avec compassion, gentillesse et compréhension, de la même manière qu'on le ferait avec un·e ami·e cher·ère. C'est le contraire de l'autocritique sévère et du perfectionnisme excessif. Être bienveillant·e envers soi-même implique d'accepter ses imperfections, de reconnaître ses erreurs comme des occasions d'apprendre, et de se pardonner pour les échecs ou les moments difficiles. C'est un acte d'amour envers soi-même qui favorise la confiance en soi, le bien-être émotionnel et une meilleure résilience face aux défis de la vie. La bienveillance envers soi-même permet de cultiver une relation intérieure positive et équilibrée, où l'on se traite avec autant de respect et d'attention que l'on en accorde aux autres, créant ainsi un espace propice à la croissance personnelle et à l'épanouissement.

Liste dix choses pour lesquelles tu dois t'accorder plus de douceur envers toi-même. Analyse tes réponses et trouve une solution.

Exemple : « Je vais me traiter avec plus de douceur concernant mon envie de lâcher prise avec un·e partenaire. Pour cela, je vais plutôt me concentrer sur moi-même et m'accorder du bon temps avant de penser à l'autre. »

TON EXERCICE

À QUOI CET EXERCICE SERT-IL ?

Il a pour objectif principal de favoriser l'autocompassion et l'amélioration de l'estime de soi. Il encourage une réflexion personnelle dans des domaines où une personne peut être trop critique ou dure envers elle-même, et offre une opportunité de trouver des solutions pour développer une attitude plus bienveillante envers soi-même ; au passage, il va aider également à l'appliquer avec autrui.

Et la bienveillance envers les autres, notamment mes partenaires ? La bienveillance au sein de la sexualité est une dimension cruciale pour cultiver des relations sexuelles saines et respectueuses. Elle repose sur un certain nombre de principes fondamentaux qui contribuent à créer un environnement de confiance et de respect mutuel entre les partenaires. Tout d'abord, le respect du consentement est primordial : il est essentiel d'obtenir un consentement clair et enthousiaste avant toute activité sexuelle, tout en respectant les limites de chacun. Une communication ouverte et honnête joue un rôle central, permettant aux partenaires d'exprimer leurs besoins, leurs désirs et leurs préoccupations de manière respectueuse, tout en écoutant attentivement l'autre. Le non-jugement est également essentiel, en évitant de critiquer ou de juger les préférences sexuelles et les désirs de son·sa partenaire. La sécurité et la santé doivent être prises en compte, en utilisant des méthodes de protection si nécessaire pour prévenir les IST. L'empathie et le soutien sont précieux pour comprendre et répondre aux émotions de son·sa partenaire. Enfin, l'acceptation de la diversité corporelle est importante pour favoriser une image corporelle positive et encourager le bien-être émotionnel. En intégrant ces principes, la bienveillance sexuelle crée un cadre où les relations intimes peuvent s'épanouir dans le respect, la confiance et l'amour-propre.

Exemple : « Je vais être plus doux·ce avec moi-même concernant mon envie de lâcher prise avec un·e partenaire. Pour cela, je vais plutôt me concentrer sur moi-même et m'accorder du bon temps avant de penser à l'autre. »

Exercice

Lettre à mon corps

Écrire une lettre n'est jamais un acte anodin : on écrit pour envoyer de l'amour, des nouvelles, pour féliciter ou encore pour s'excuser. Et si tu écrivais une lettre à ton corps et aux peurs qui l'entourent ? Commence ta lettre par : « Mon très cher corps » et laisse-toi porter par la suite. Dis-lui ce qui te pèse physiquement et mentalement, excuse-toi de l'avoir délaissé si ça a été le cas, de l'avoir trop poussé ou de l'avoir laissé de côté si un jour cela est arrivé. Si tu as besoin de lui dire que tu l'as détesté ou pas assez aimé, fais-le. Vide tes peurs et tes frustrations par rapport à lui.

Ta lettre est terminée ? Relis-la une dernière fois et brûle-la. Il est temps de passer à une nouvelle étape et à une relation plus saine entre toi et ton corps.

DIX LETTRES À ÉCRIRE POUR TRAVAILLER SUR TOI-MÊME

- Une lettre à toi enfant
- Une lettre à toi dans dix ans
- Une lettre à ton ventre
- Une lettre à ton cerveau
- Une lettre à tes secrets
- Une lettre à ta famille
- Une lettre à un souvenir
- Une lettre à ta sexualité
- Une lettre à ton·ta conjoint·e/partenaire
- Une lettre pour te présenter

TON EXERCICE

Mon très cher corps,

Si tu souhaites approfondir davantage cet exercice, je te suggère de prendre ton agenda. Choisis un jour pour chaque mois, de préférence en fin de mois car cela peut être un moment idéal pour faire le bilan, et note dans ton agenda d'écrire une lettre à telle date. Conserve ces lettres au fil de l'année, et une fois que tu auras complété cette démarche pendant un an, prends le temps de les relire. Cela te permettra de constater ton évolution et de revisiter ton parcours lorsque tu recommenceras cet exercice l'année suivante.

Exercice

Méditation et reconnexion

On pense à tort que la méditation, c'est être assis·e en tailleur et écouter de la musique zen tout en tapant sur des bols tibétains. Ça peut l'être, mais ce n'est pas que ça ! La méditation, c'est un moment pour te recentrer sur toi, ton corps, ton physique et ton mental. Tu peux méditer en te promenant dehors ou encore en dessinant. Aujourd'hui, je te propose une méditation tout autre : une méditation centrée sur ta sexualité, une méditation orgasmique. Tu peux la pratiquer seul·e ou avec un·e partenaire.

COMMENT PROCÉDER ?

Seul·e ou en face d'un·e partenaire, allonge-toi ou allongez-vous en vous tenant la main (ou en te tenant les deux mains, si tu es seul·e) et lancez un minuteur de quinze minutes. Dans l'idéal, effectuez cet exercice dans un endroit silencieux ou avec un casque ou des bouchons d'oreilles. Concentre-toi sur ta respiration et la manière dont ton corps est en contact avec le sol. Si vous êtes deux, concentrez-vous également sur la chaleur de la main de l'autre et sur les sensations que cela vous procure (Est-ce que tu l'entends respirer ? Est-ce que tu sens la chaleur de son corps ?). Pense à ta ou à votre sexualité, laisse ton esprit se concentrer sur tes envies et tes besoins du moment en te posant quelques questions.

« Comment est-ce que je vais ces temps-ci ? » « Est-ce que j'aurais besoin de faire une pause dans certains domaines de ma vie ? » « Est-ce que je me sens bien ? Bien avec l'autre ? »

À la fin des quinze minutes, écris tes impressions, fais-les lire à ton·ta partenaire si vous avez effectué cet exercice à deux. Le but ? Prendre un peu de temps pour soi-même et pour se reconnecter avec ses besoins.

TON EXERCICE

ET SI TU TESTAIS LE TAO?

Le taoïsme est une tradition millénaire en Chine, qui vise à atteindre l'équilibre entre l'âme, le corps et l'esprit. La démarche consiste à avancer à son propre rythme, en fonction de ses propres disponibilités. Et devine quoi ? Il existe dans le taoïsme des exercices pour te reconnecter à ta sexualité.

L'exercice du foulard, que l'on connaît aussi sous les noms de « foulard en soie » ou « *silk reeling* » en taoïsme, représente une pratique de qi gong, une forme chinoise d'exercice énergétique. Son appellation provient du mouvement fluide et continu des bras et des mains, qui évoque l'image du déroulement d'un foulard en soie. L'objectif fondamental de cet exercice est d'harmoniser le flux d'énergie vitale, appelée le « *qi* » (ou « *chi* »), à travers tout ton corps.

VOICI COMMENT SE DÉROULE HABITUELLEMENT L'EXERCICE DU FOULARD DANS LE TAOÏSME:

- En premier lieu, tu te places dans une position de base, debout, les pieds écartés de la largeur des épaules, jambes légèrement fléchies aux genoux, et les bras décontractés le long de ton corps.
- Ensuite tu démarres en effectuant des mouvements doux et circulaires avec tes bras, comme si tu enroulais un foulard en soie autour de tes bras et de tes poignets. Ces mouvements doivent être réalisés lentement, de manière fluide et continue, créant ainsi un flux d'énergie doux et régulier qui parcourt tes membres.
- Tu coordonnes ces mouvements avec ta respiration, ce qui signifie que tu inspires par le nez lors de l'ouverture des bras et que tu expires par la bouche lors du repliement des bras. Cette synchronisation entre le mouvement et la respiration est essentielle.
- Pendant la pratique, ta concentration est dirigée vers la sensation de l'énergie qui circule à travers tes bras et ton corps. Il est possible de visualiser cette énergie comme un fluide apaisant et doux qui se déplace harmonieusement.

- L'exercice du foulard est souvent répété plusieurs fois, en mettant un accent particulier sur la détente et la fluidité des mouvements de manière à maximiser les bienfaits de cette pratique.

Pour libérer ton centre sexuel, cette région pelvienne située au niveau du bas-ventre qui abrite les organes génitaux soutenant le poids de la partie supérieure de ton corps, voici un exercice conseillé pour lui donner plus de mobilité et de fluidité par le biais de la respiration.

- Tout d'abord, allonge-toi sur une surface ferme, et fléchis légèrement les jambes. Place tes pouces sur ton nombril et tes autres doigts au niveau de l'os pubien.
- Inspire par le nez en laissant ton bas-ventre se gonfler doucement sous la pression de tes mains. Maintiens cette inspiration pendant deux à trois secondes, en te retenant de respirer aussi longtemps que tu le peux. Concentre toute ta pensée sur cette zone, en y insufflant de l'énergie et en t'y connectant mentalement.
- Ensuite, expire par la bouche trois fois, en vidant complètement ton ventre. Pendant cette expiration, utilise tes pouces pour exercer une légère pression sur ton nombril à chaque expiration, ce qui aide à bien vider l'air et à favoriser une sensation de libération.

Cet exercice est conçu pour stimuler et dynamiser la région pelvienne, en encourageant la mobilité et la fluidité. Il permet également de créer une connexion consciente avec cette zone importante de ton corps, favorisant ainsi un meilleur équilibre énergétique et une sensation de bien-être.

Exercice

Mon cahier d'écriture, un outil de reconnexion

L'écriture est thérapeutique, et si tu as ce carnet entre tes mains, tu le sais déjà. Mais après l'avoir terminé, que vas-tu faire ? Arrêter ton introspection ? Ton exercice du jour est tout simple, te trouver un joli carnet et consacrer cinq minutes de chaque journée pour y écrire tes émotions, tes ressentis, tes besoins, tes envies. Tu veux transformer ton carnet en espace *safe* et libérateur ? Agrémente-le de photos, de listes de films que tu veux voir, de choses que tu veux essayer, de fantasmes, d'envies ou encore de voyages ou de livres à lire. Tu peux alors décortiquer et observer tes pensées. À la fin de ton temps d'écriture, tu peux te poser quelques questions simples. « Pourquoi je pense cela ? » « Est-ce que cette pensée est négative ou positive ? » « Est-ce que c'est en réaction à un traumatisme ? » « Comment me limite-t-elle ? » « Est-ce que je pourrai la rendre positive par la suite ? » Promis, nous ne sommes plus des adolescent·e·s, personne ne viendra fouiller dans notre jardin secret.

Exercice

Prendre du temps pour moi

Remplis le tableau qui suit selon tes besoins et tes envies du moment, et pioche quand tu en as besoin un moment à t'offrir à toi-même. Deux contraintes cependant, les activités sont à faire seul·e et doivent être gratuites ou à moindres frais.

TON EXERCICE

Les choses qui te font du bien quand tu es fatigué·e mentalement.	
Les choses qui te font du bien quand tu es fatigué·e physiquement.	
Les choses qui te font du bien quand tu n'as pas le moral.	
Les choses qui te font du bien quand tu te sens en colère.	
Les choses qui te font du bien quand tu te sens déconnecté·e de toi-même.	

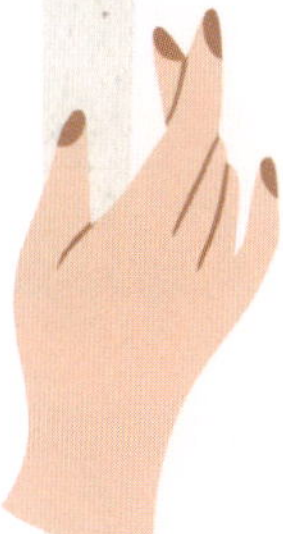

Tu veux pousser un peu plus l'exercice ? Je te propose de le connecter aux saisons. Notre monde marche par saison, et notre sexualité a tendance également à se caler sur ce rythme de manière plus intuitive. Même si ce n'est pas le cas pour tout le monde, il est vrai que certaines personnes ressentent des variations dans leur libido et leur désir sexuel en fonction des saisons, phénomène parfois appelé « saisonnalité de la libido ». Voici comment cela peut se manifester.

- Printemps : pour certaines personnes, le printemps peut être une période où la libido s'accroît. L'augmentation de la durée de la lumière du jour et de la chaleur peut avoir un impact positif sur l'humeur et l'énergie, ce qui peut se traduire par une augmentation du désir sexuel.
- Été : l'été peut être une saison propice à la sensualité et à l'intimité pour de nombreuses personnes. Les journées plus longues, les vacances et les occasions de se détendre peuvent favoriser une plus grande ouverture aux activités sexuelles.
- Automne : certaines personnes constatent que leur libido augmente à l'automne. Les températures plus fraîches peuvent encourager les câlins et les moments intimes. De plus, la proximité des fêtes peut créer une atmosphère romantique.
- Hiver : pour d'autres, l'hiver peut être une saison où la libido diminue. Les journées plus courtes et le froid peuvent parfois entraîner une réduction de l'énergie et du désir sexuel.

Énumère les activités que tu apprécies particulièrement à chaque saison, qu'il s'agisse de savourer le premier *pumpkin spice latte* de l'automne, de partir à la cueillette d'une citrouille, de déguster le premier mojito en terrasse, etc.

TON EXERCICE

Printemps	
Été	
Automne	
Hiver	

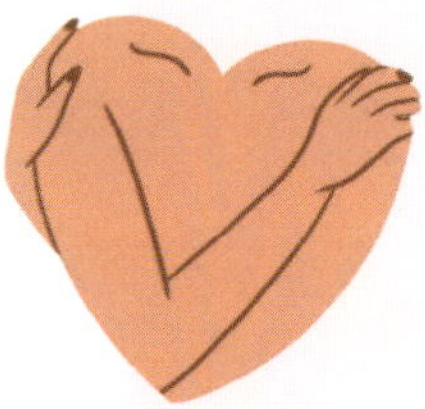

Exercice

Mon rituel de reconnexion à ma sexualité

Entre la vie quotidienne, la fatigue, le stress, le cycle ou les hormones pour les personnes menstruées, notre corps et notre mental peuvent être déconnectés de notre sexualité. Pas d'envie, pas de temps, pas d'intimité, la sexualité passe souvent en dernier. Mais le manque de libido ou de temps ne veut pas dire manque de sexualité. La sexualité ne se définit pas uniquement par la pratique d'un acte sexuel.

Aujourd'hui, je te propose de créer ton propre rituel ! Nous allons le choisir grâce à cet exercice puis tu pourras le refaire quand tu sentiras que tu as besoin d'un petit coup de pouce pour te reconnecter à ta sexualité. Coche dans la liste ci-dessous ce que tu aimes faire, qui te détend ou qui te semble agréable. Choisis cinq points. Quand tu auras besoin de te reconnecter, choisir l'ordre dans lequel tu souhaites réaliser ces cinq activités. À chaque moment où tu te sentiras déconnecté·e de toi ou de ta sexualité, refais ses cinq activités dans le même ordre.

En relation, tu peux également créer un rituel avec ton, ta ou tes partenaires.

- ☐ Allumer une bougie.
- ☐ Écouter de la musique.
- ☐ Pratiquer la méditation/une méditation orgasmique.
- ☐ Faire un tirage de cartes.
- ☐ Prendre une douche ou un bain.
- ☐ Faire un jeu avec ton, ta ou tes partenaires.
- ☐ Pratiquer du sport.
- ☐ Te promener dans la nature.

- ☐ Faire un bain de pieds.
- ☐ Faire un gommage.
- ☐ Boire un cocktail.
- ☐ Écrire dans ton carnet.
- ☐ Écouter un podcast érotique.
- ☐ Lire de la littérature érotique.
- ☐ Te masturber.
- ☐ Te prendre en photo.
- ☐ Mettre de la lingerie.
- ☐ Regarder un film érotique.
- ☐ Textoter ou sextoter à ton, ta ou tes partenaires.
- ☐ Te faire masser ou t'automasser.

L'IMPORTANCE DES SENS DANS LA SEXUALITÉ

Les cinq sens jouent un rôle fondamental dans la sexualité en contribuant à l'expérience globale. La vue permet d'apprécier le physique de son·sa partenaire et d'anticiper les mouvements. Le toucher crée une connexion physique profonde et révèle les zones sensibles. L'ouïe capture les expressions de plaisir et renforce la communication. Le goût intervient à travers les baisers et les jeux alimentaires érotiques, tandis que l'odorat est influencé par les odeurs corporelles et les parfums. Ensemble, ces sens contribuent à l'excitation sexuelle, approfondissent la connexion entre les partenaires, et influencent la qualité de l'expérience sexuelle en engageant tous les sens dans le plaisir et l'intimité.

Apprends à te reconnecter à tes sens. Pour chaque sens, imagine et écris une activité à faire seul·e ou à deux autour de ce thème. Par exemple, te ou vous masser les yeux bandés ou encore effectuer un exercice de respiration en commun mais en ayant des bouchons d'oreilles ou encore en mettant de la musique. Le but est de se focaliser sur un sens, de développer ceux que l'on a tendance à utiliser le plus souvent, comme la vue par exemple. Voire de combiner des moments où l'un·e et l'autre n'ont pas le même sens en éveil.

«Tant qu'il y aura des yeux reflétant les yeux qui les regardent; tant qu'une lèvre répondra en soupirant à la lèvre qui soupire; tant que deux âmes pourront se confondre dans un baiser, il y aura de la poésie!»

Gustavo Adolfo Bécquer

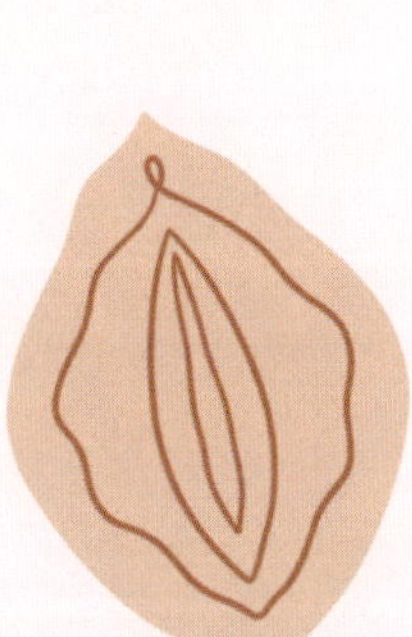

TON EXERCICE

Qu'est-ce qui t'inspire de la poésie dans l'intimité ou la sexualité ?
Qu'est-ce que tu trouves beau ?

Exercice

Historique de ma sexualité, mieux me comprendre pour mieux avancer

Parfois, il est essentiel de prendre du recul et de remettre les choses en perspective, en particulier dans notre sexualité et dans la manière dont celle-ci évolue. Ce qui est important pour nous à un instant T ne l'est peut-être plus quelques jours après tout comme il ne l'était pas auparavant.

Prends un moment pour réfléchir à ton historique avec la sexualité depuis tes premières fois jusqu'à aujourd'hui, et remplis le tableau qui suit.

TON EXERCICE

Qu'est-ce qui était important pour toi avant et qui l'est toujours ?	
Qu'est-ce qui était important pour toi avant et ne l'est plus aujourd'hui ?	
Qu'est-ce qui n'était pas du tout important pour toi à l'époque et qui l'est devenu aujourd'hui ?	

Exercice

Et moi, ma ou mes partenaires ?

Qui de mieux placé que les personnes qui nous aiment et nous veulent du bien pour ouvrir notre regard sur nous-mêmes et nous donner de meilleures perspectives ? Tu peux faire cet exercice en deux versions, la version *soft* et la version *spicy* !

Pour la version *soft*, demande à tes proches (famille, ami·e·s, meilleur·e·s ami·e·s) de répondre à trois questions sur toi. Qu'est-ce qu'iel trouve beau chez toi ? Qu'est-ce qu'iel admire dans ta personnalité ? Et qu'est-ce qu'iel trouve rayonnant en toi ?

Pour la version *spicy*, demande à tes très proches (partenaires, ex, plans) de répondre à trois questions sur toi. Qu'est-ce qui le·la fait craquer chez toi ? Qu'est-ce qu'iel trouve le plus excitant chez toi ? Et qu'est-ce qu'iel préfère partager intimement avec toi ?

Remets les choses en perspective, prends du recul, analyse les réponses que l'on t'a données.

Aurais-tu fourni les mêmes ? Réponds aux questions pour toi-même.

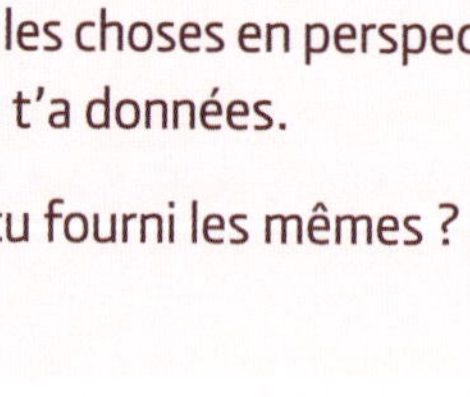

VERSION SOFT

VERSION SPICY

VERSION SOFT

VERSION SPICY

Exercice

Ma confiance sexuelle

Quels sont les compliments que tu as déjà reçus lors de tes relations intimes avec d'autres personnes ? Quels sont les compliments que tu peux te faire dans ta relation avec autrui ?

TON EXERCICE

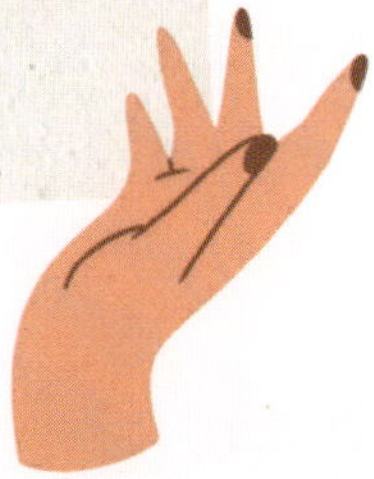

La confiance en soi et la confiance sexuelle sont deux choses très liées. Elles n'émanent pas uniquement de l'attitude des autres face à nous, mais aussi de notre propre attitude envers nous-même. Choisis un personnage fort que tu admires pour sa confiance, son attitude et/ou son engagement, et décris pourquoi. Tu peux également le faire avec plusieurs personnages (du même genre que toi ou non) et prendre chez chacun ce qui te plaît le plus chez l'un ou l'autre.

La prochaine fois que tu auras besoin de retrouver un peu de confiance intime et sexuelle, repense à ce personnage, à son attitude, à ton admiration, et prends quelques-uns de ses atouts et caractéristiques pour les associer à toi.

UN PETIT BILAN S'IMPOSE

Tu viens de terminer la troisième partie de ton carnet. Prends le temps de faire le point sur toi et ton avancement. Écris tes impressions sur tes derniers exercices. As-tu avancé sur toi-même, es-tu plus à l'écoute ? Commences-tu à comprendre les besoins de ton corps ?

À RETENIR

- Parfois, il est essentiel de prendre du recul et de remettre les choses en perspective, en particulier dans notre sexualité et dans la manière dont celle-ci évolue.
- L'introspection et le travail sur soi sont permanents.
- Prendre du temps pour soi, ce n'est pas ne rien faire.
- Si l'on ne trouve pas toujours la réponse au fond de nous, on peut la trouver dans notre·nos partenaires et dans les personnes qui nous entourent. Il faut apprendre à demander de l'aide et surtout à ne pas voir cela comme un échec.

NOTES PERSONNELLES

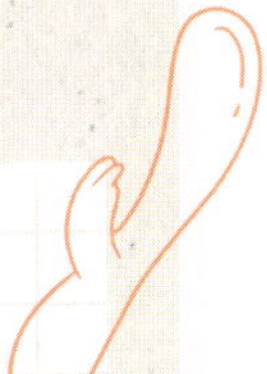

QUATRIÈME PARTIE

Développer mon ancrage sexuel et m'ouvrir à de nouvelles perspectives

Petit à petit, au fil de ces pages, tu avances. Tu te découvres et découvres aussi que tu peux développer ta sexualité et ton énergie sexuelle. Il est temps de t'ancrer encore plus dans ton énergie propre, de découvrir de nouvelles perspectives, de te challenger et de faire le bilan de ton travail sur toi-même et de ton évolution.

Tu as mis le doigt sur certaines de tes problématiques, tu as avancé sur ta manière de fonctionner et d'aborder les choses, tu as travaillé sur toi-même, mais il faudra toujours continuer à le faire pour évoluer et à t'épanouir dans ton intimité. Pour continuer à te développer, à apprendre, à dialoguer avec ton corps et avec les autres.

QU'EST-CE QUE L'ANCRAGE?

L'ancrage, en termes de sexualité, fait référence à une pratique visant à se connecter profondément à son corps et à la réalité matérielle de l'ici et maintenant. C'est une notion souvent associée à la méditation, au yoga, à la pleine conscience et à d'autres disciplines spirituelles, mais ici nous allons parler d'ancrage plus physique que spirituel.

L'ancrage consiste à se concentrer sur les sensations physiques, les émotions et les expériences sensorielles du moment présent. Cela peut inclure la conscience de la respiration, la sensation de contact avec le sol ou avec un·e partenaire, l'écoute des bruits environnants ou la dégustation de la nourriture. L'objectif est de diriger son attention vers le présent, en mettant de côté les pensées anxieuses sur le passé ou le futur.

Dans le contexte de la sexualité intime, l'ancrage peut être une pratique précieuse pour favoriser une expérience plus profonde et connectée. Il permet de se libérer des distractions mentales, de développer une plus grande sensibilité aux sensations corporelles et de mieux ressentir l'intimité avec son·sa partenaire. Cette pratique peut aider à réduire le stress, à améliorer la communication sexuelle et à favoriser le plaisir sexuel en intensifiant la conscience des sensations et du plaisir dans le moment présent.

En somme, l'ancrage dans la spiritualité intime consiste à être pleinement conscient·e de son corps, de ses sensations et de son environnement immédiat, créant ainsi une expérience sexuelle plus profonde, épanouissante et connectée.

Nous entrons à présent dans la dernière section de ce carnet, et il est clair que tu as déjà parcouru un long chemin grâce aux pages précédentes et aux exercices que tu as réalisés. Pour cette dernière partie, je t'invite à réfléchir à tes intentions. **As-tu identifié des domaines dans lesquels tu ressens encore le besoin de travailler ? As-tu remarqué des progrès dans des aspects qui te semblaient auparavant bloqués ?** Cette étape finale te permettra de consolider tes acquis et de te projeter vers l'avenir. Essaye d'avoir le plus de franchise envers toi-même sans oublier d'être bienveillant·e, en prenant un peu de recul sur ton parcours.

Exercice

Approfondir ma connexion à mon corps

Approfondir sa connexion, c'est aussi exprimer ses envies et ses besoins et les réaliser, les acter et non les imaginer. Pour cela, il faut être ancré·e dans le moment présent et dans son corps. Je te propose un petit exercice que tu peux faire seul·e ou avec ta, ton ou tes partenaires. L'automassage permet une première connexion à soi, en douceur. Si tu n'es pas à l'aise, tu peux commencer par te masser le visage et le cou ou par-dessus tes vêtements. Le but n'est pas forcément d'arriver à de l'érotisme, mais simplement d'écouter tes ressentis et ton corps.

Crée-toi un petit rituel : tu peux débuter ton massage après une douche, un bain ou une balade dans la nature par exemple. Entoure-toi d'une odeur réconfortante et d'une lumière pas trop forte, tu peux également mettre une playlist calme et douce. Commence par masser les parties les plus accessibles de ton corps, les mains, les pieds, les bras, les jambes. Tu peux t'attarder sur les parties du corps où tu ressens le plus de fatigue ou de sensations. Tu peux ensuite passer à des parties dont on s'occupe peu habituellement, les hanches, le ventre et les fesses, par exemple. Pense également à te masser le cuir chevelu qui est une zone que l'on oublie régulièrement. Tu as terminé ton moment de massage ? Allonge-toi sur le sol ou sur un lit, les bras le long du corps et les paumes des mains vers le haut, et scanne ton corps des pieds à la tête. Prends le temps de ressentir la lourdeur de ton corps sur la surface où tu es allongé·e, ressens le contact entre ta peau et le reste. Remonte lentement jusqu'à arriver au sommet de ton crâne. Prends le temps de te relever doucement et écris tes ressentis.

AVEC UN•E PARTENAIRE

Réalise le même exercice, mais laisse ton·ta partenaire te masser sans donner d'indication sur la zone. Tu peux ensuite inverser les rôles et masser ton·ta partenaire. Prenez le temps, à la fin de ce moment, de vous asseoir face à face et de vous regarder dans les yeux cinq minutes en silence avec uniquement vos mains qui se touchent. Écrivez vos ressentis et faites-les lire à l'autre si vous le souhaitez.

Exercice

La masturbation, une ode à moi-même

On voit souvent la masturbation comme un moment qui en remplace un autre ou une manière de satisfaire un besoin. Pourtant, la masturbation est bien plus que ça. C'est un vrai moment de relation entre soi et soi-même quand elle est pratiquée seul·e et un moment de relation à l'autre quand elle est pratiquée à deux ou plus.

Réfléchis à ta pratique de la masturbation dans ton quotidien. Souvent, celle-ci est une routine que l'on adopte, et les gestes ou les situations sont souvent un peu mécaniques et fréquemment les mêmes. Aujourd'hui, je t'invite à définir des contextes ou des manières de te découvrir différents de ceux auxquels tu es habitué·e. Tu as l'habitude de regarder un film pendant que tu te masturbes ? Et si tu passais aux audios ? Tu te masturbes toujours dans la même position ou avec un jouet ? Et si tu changeais de position et que tu redécouvrais tes mains ? Imagine trois changements que tu pourrais inclure dans ta routine et si l'envie t'en prend, mets-les en place dans les semaines à venir.

Si tu n'es pas à l'aise avec l'idée de cet exercice ou avec la masturbation, tu en as tout à fait le droit et il n'y a aucun souci avec ça. Certaines personnes ne la pratiquent pas ou n'en ont pas envie alors que d'autres, oui. Tu peux remplacer cet exercice par une liste de choses que tu aimerais changer dans tes relations intimes avec autrui.

Certaines personnes peuvent ressentir un dégoût ou une aversion pour la masturbation. Je te rassure, si c'est ton cas, ce n'est pas obligatoire. La sexologie propose diverses explications quant au dégoût que certaines personnes peuvent ressentir envers la masturbation. Ces réactions peuvent être influencées par une multitude de facteurs, dont l'éducation et la socialisation qui jouent un rôle prépondérant. Dans certaines cultures ou familles, la masturbation peut être considérée comme taboue ou immorale, engendrant ainsi des sentiments de culpabilité ou de dégoût chez les individus. Les croyances religieuses sont également un élément déterminant, car elles peuvent qualifier la masturbation de péché ou d'acte immoral. Les expériences traumatisantes liées à la sexualité, telles que les abus sexuels passés, peuvent créer une association négative entre la masturbation et le traumatisme, provoquant ainsi un dégoût envers cette pratique. De plus, la pression sociale pour se conformer à des normes de comportement sexuel peut influencer négativement la perception de la masturbation, tout comme certaines conditions de santé mentale, notamment l'anxiété, la dépression ou les troubles obsessionnels et compulsifs (TOC), qui peuvent générer des pensées intrusives liées à la masturbation. Enfin, des questions liées à l'orientation sexuelle ou à l'identité de genre peuvent également influencer la perception de la masturbation, souvent en relation avec des conflits internes ou la peur de s'accepter. Certaines personnes n'aiment tout simplement pas cette pratique, et comme toutes les autres pratiques sexuelles, c'est totalement OK de ne pas aimer celle-ci.

CINQ TIPS POUR UNE MASTURBATION PLUS SAFE

- Le lubrifiant peut être utilisé lors de la masturbation, cela évite les risques de microcoupures et diminue les infections et les mycoses chez les personnes à vulves.
- Lave-toi les mains avant et après (valable également dans la pratique à deux).
- On recommande d'uriner après un rapport sexuel pénétratif ; il faut faire de même chez les personnes à vulve après la masturbation. L'urètre étant très court anatomiquement, les germes ont tendance à remonter et à créer des infections urinaires. Uriner permet de nettoyer naturellement l'urètre.
- Un sextoy se nettoie après chaque utilisation, même pour ceux qui ne sont pas pénétratifs. Nettoie-les avec de l'eau et du savon doux.
- La masturbation, ce n'est pas uniquement centré sur les parties intimes de ton corps. Pense à découvrir ton corps dans sa globalité.

Exercice

Développer ma créativité sexuelle

Sortez les papiers et les stylos, on part sur un atelier découpage ! Celui-ci est plus adapté aux couples, mais tu peux aussi le réaliser seul·e, pour ta routine de masturbation par exemple. Avec un·e partenaire, tu peux soit réaliser cet exercice de ton côté, soit le faire à deux.

TON EXERCICE

Liste dix positions, actes ou pratiques que tu aimes faire dans ta vie intime.

....

....

....

....

....

....

....

....

....

....

Liste dix endroits où tu aimes développer ta sexualité ou que tu aimerais découvrir.

....

....

....

....

....

....

....

....

....

....

Liste dix parties du corps.

....

....

....

....

....

....

....

....

....

....

Liste cinq choses que tu aimerais essayer, mais que tu n'as pas encore réalisées (si vous faites l'exercice à deux, laisse ton·ta partenaire écrire également les siennes).

Découpe tes petites idées, prends un petit pochon ou une boîte et mélange le tout. Tire quatre papiers et laisse-toi guider dans la mesure du consentement et des envies de chacun·e. Dans vos moments d'échanges, de dialogue sur vos envies ou au cours d'autres exercices, n'hésitez pas à mettre dans le pochon de nouveaux papiers (même en secret pour surprendre l'autre de temps en temps).

Si tu as du mal à exprimer tes envies ou si tu n'oses pas entamer le dialogue avec ton, ta ou tes partenaires sur certaines pratiques, c'est aussi un bon moyen d'aborder certains sujets.

LA PRESSION SOCIÉTALE D'ÊTRE UN BON COUP ?

Il faut se lâcher la grappe ! La pression pour être un « bon coup » est une réalité à laquelle de nombreuses personnes sont confrontées dans notre société obsédée par la performance sexuelle. Cette pression peut exercer une influence considérable sur la confiance en soi et l'estime de soi, car elle crée des attentes souvent irréalistes en matière de performance sexuelle. Les médias, la pornographie et les conversations entre pairs peuvent contribuer à cette pression, en présentant un idéal de sexualité qui met l'accent sur la performance, la durée et la satisfaction totale du ou de la partenaire. Cependant, il est essentiel de se rappeler que la qualité d'une relation sexuelle ne se mesure pas uniquement à la performance, mais plutôt à la communication, à la compréhension mutuelle, au respect des limites et à la satisfaction des deux partenaires. Les individus devraient être libres d'explorer leur sexualité à leur propre rythme, sans se sentir constamment évalués ou jugés. Cette pression, additionnée à celle de la peur de mal faire, fait des ravages dans notre intimité. Il est important de s'en détacher.

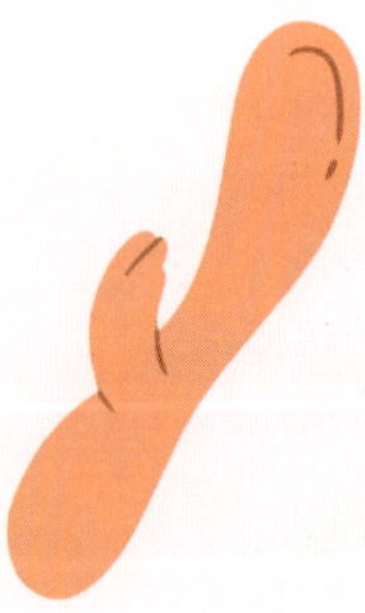

Exercice

Peurs et déconnexion

Après tout le travail réalisé à travers ces exercices d'introspection, peut-être as-tu des peurs ou des appréhensions à le voir se terminer. Comment gérer si je n'arrive pas à me reconnecter à ma sexualité ou si celle-ci n'est pas totalement connectée ? Comment vais-je gérer tout ça ? Ce sont des questions totalement banales, et même très saines ! Eh bien cela va arriver et ce n'est pas un problème ! La libido et notre connexion à notre sexualité fluctuent pour tout un tas de raisons, le stress du quotidien, notre fatigue, l'état du monde, les informations, notre ou nos partenaires, notre situation financière et même la météo. Dans ta vie sexuelle comme dans la vie quotidienne, il y a des fluctuations. Voici quelques exercices à faire si tu sens que tu as du mal à te connecter à celle-ci ou que le lien s'étiole.

- Reprends les exercices de ton carnet qui t'ont fait le plus de bien.
- Crée tes propres exercices. Depuis des dizaines de pages, tu entreprends le chemin de l'introspection, tu sais quels exercices t'ont fait du bien, quels sont ceux qui t'ont fait le plus réfléchir. Tu peux te créer tes propres exercices à faire seul·e ou avec un·e partenaire pour te permettre d'avancer sur un questionnement.
- Prends du recul et du temps pour toi.
- Fais une pause. La sexualité n'est pas toujours essentielle à la vie ; si elle n'est pour une certaine période pas dans ta vie, est-ce si grave ? Elle ne doit en tout cas jamais être une source d'angoisse ou de course à la performance.
- Ne mets pas le focus uniquement sur la sexualité. La baisse de libido ou le manque de connexion avec soi-même est souvent une conséquence et découle probablement d'autres problématiques. Observe ce qui dans ta vie a du mal à fonctionner en ce moment.

Et si tu pratiquais la visualisation positive ? La visualisation positive est une technique qui consiste à créer des images mentales claires et positives d'une situation, d'un objectif ou d'un résultat souhaité. Elle repose sur le principe que l'esprit humain a le pouvoir d'influencer notre comportement et nos émotions en créant des images mentales positives.

- Trouve un moment tranquille : cherche un endroit où tu peux te détendre sans être dérangé·e.
- Relaxe-toi : prends quelques minutes pour te détendre mentalement et physiquement. La respiration profonde, les étirements légers ou une brève méditation peuvent t'aider à te calmer.
- Imagine tes désirs : ferme les yeux et imagine une expérience sexuelle positive avec ton·ta partenaire. Pense à tous les détails, comme le lieu, l'atmosphère, les sensations physiques, les sons, etc.
- Sois présent·e : reste pleinement concentré·e sur cette image. Essaye de ressentir les émotions positives associées, comme l'excitation, la sensualité et la satisfaction.
- Explore les détails : utilise tous tes sens pour imaginer les détails. Imagine le toucher de ton·ta partenaire sur ta peau, sa voix, son odeur et ainsi de suite.
- Visualise le plaisir mutuel : l'idée est de voir une expérience sexuelle où toi et ton·ta partenaire prenez tou·te·s les deux du plaisir. Visualise la satisfaction des deux côtés.
- Intègre tes fantasmes : si tu as des fantasmes ou des désirs particuliers, n'hésite pas à les inclure dans ta visualisation. Cela peut te permettre d'explorer de nouvelles possibilités et de stimuler ton désir.
- Pratique régulièrement : la visualisation positive s'améliore avec la pratique. Prends l'habitude de le faire régulièrement pour renforcer les images positives et les émotions associées.
- Communique avec ton·ta partenaire : si tu le souhaites, partage tes visualisations et tes fantasmes avec ton·ta partenaire. Cela peut favoriser une meilleure compréhension mutuelle et renforcer votre intimité

La visualisation positive peut aider à réduire l'anxiété sexuelle, à augmenter le désir et à améliorer la satisfaction sexuelle. N'oublie pas que chacun·e est unique, donc n'hésite pas à expérimenter différentes techniques pour découvrir ce qui fonctionne le mieux pour vous deux. Si tu le souhaites, tu peux également la pratiquer sur certains blocages, une situation qui te met mal à l'aise à cause d'une mauvaise expérience passée ou encore un rendez-vous médical relatif à la gynécologie, par exemple. Visualiser le moment de manière positive aide le cerveau à ne plus le voir comme une menace et à explorer des scénarios où tout se passe bien.

LA PRESSION ORGASMIQUE

Je ne pouvais pas aborder le thème de la sexualité dans ce carnet sans parler de l'orgasme. Non, je ne vais pas te donner les clés pour un orgasme à chaque rapport, mais je peux te parler de la pression orgasmique qui pose en réalité pas mal de problèmes dans nos relations à nous-même et aux autres. Lorsque l'on parle de « pression orgasmique » en sexothérapie, on se réfère généralement à la pression ou à l'attente qu'une personne peut ressentir pour atteindre l'orgasme lors d'une relation sexuelle. Cette pression peut être auto-imposée ou résulter des attentes sociétales ou des normes culturelles liées à la performance sexuelle.

La pression orgasmique peut avoir des effets négatifs sur la satisfaction sexuelle, car elle est susceptible de créer de l'anxiété, du stress et des sentiments de frustration si l'orgasme n'est pas atteint. Elle peut également mettre une pression inutile sur le ou la partenaire, en créant des attentes démesurées. Elle touche en majorité les personnes à clitoris pour des raisons diverses, mais la méconnaissance de son propre corps et le manque d'éducation sexuelle y sont pour beaucoup. Quand tu grandis dans une société phallocentrée et patriarcale, ton éducation sexuelle est forcément impactée par ce système de pensée. **Est-ce que tu as déjà ressenti ce poids de devoir « jouir » pendant une relation ?**

Si tu la ressens par périodes ou en continu, voici quelques astuces pour moins en souffrir.

- **Communique ouvertement :** parle ouvertement avec ton ou ta partenaire de tes besoins, de tes désirs et de tes attentes en matière de sexualité. Une communication honnête favorise une meilleure compréhension mutuelle.
- **Établis des attentes réalistes :** comprends que chaque expérience sexuelle est différente, et qu'il n'est pas nécessaire d'atteindre l'orgasme à chaque fois. Fixe des attentes réalistes et ne te mets pas de pression. Une relation sexuelle n'a pas pour but un orgasme, mais un échange avec soi ou avec l'autre.

- **Explore le plaisir sans objectif :** concentre-toi sur le plaisir plutôt que sur l'orgasme en lui-même. Prends le temps d'explorer les sensations et les « préliminaires », c'est-à-dire les échanges hors pénétration sans te précipiter vers un objectif.
- **Pratique la relaxation :** apprends des techniques de relaxation, comme la respiration profonde ou la méditation, pour réduire l'anxiété et la pression pendant les rapports sexuels.
- **Prends ton temps :** ne te précipite pas. Prends le temps nécessaire pour créer une atmosphère intime, pour les préliminaires et pour te détendre avant d'entrer dans l'acte sexuel.
- **Diversifie les expériences :** expérimente différentes formes d'intimité sexuelle, comme les massages sensuels, les jeux érotiques ou l'utilisation de jouets, pour enrichir ta vie sexuelle.
- **Éduque-toi à la sexualité :** apprends davantage sur la sexualité et la physiologie sexuelle. Une meilleure compréhension peut réduire l'anxiété liée à l'orgasme.
- **Évite la comparaison :** ne te compare pas à des normes ou à des performances sexuelles idéalisées. Chacun·e a sa propre expérience, unique.
- **Accepte-toi tel·le que tu es :** accepte que l'orgasme puisse être variable et que cela ne reflète pas nécessairement la qualité de l'expérience sexuelle. Apprends à t'aimer et à apprécier le plaisir sous toutes ses formes.

ET L'ANORGASMIE ALORS ?

Tu as peut-être déjà entendu ce terme. Mais qu'est-ce que c'est ? Anorgasmie est un terme utilisé en sexologie pour décrire l'incapacité récurrente ou persistante d'atteindre l'orgasme malgré une stimulation sexuelle adéquate et une excitation sexuelle. Il s'agit d'un trouble sexuel qui peut affecter aussi bien les hommes que les femmes. L'anorgasmie peut être primaire, ce qui signifie qu'une personne n'a jamais connu l'orgasme, ou secondaire, lorsqu'une personne qui avait précédemment été capable d'atteindre l'orgasme rencontre des difficultés à le faire. Les causes de l'anorgasmie peuvent être variées et peuvent inclure des facteurs physiques, psychologiques, relationnels ou liés à des médicaments. Parmi les causes courantes, on trouve l'anxiété, la dépression, le stress, des problèmes de communication au sein du couple, des traumatismes sexuels passés, des troubles hormonaux, certains médicaments ou des problèmes de santé sous-jacents. Le traitement de l'anorgasmie dépend des raisons sous-jacentes. Cela peut impliquer des séances de thérapie pour explorer les défis psychologiques, des ajustements dans la manière dont tu communiques avec ton·ta partenaire, des modifications de médicaments ou de traitements médicaux pour des problèmes de santé spécifiques.

Il est important de noter que l'anorgasmie peut être préoccupante pour certaines personnes, car elle peut affecter la satisfaction sexuelle et la qualité de vie. Si toi ou ton·ta partenaire rencontrez des difficultés liées à l'orgasme, il peut être utile de consulter un·e professionnel·le de la santé sexuelle ou un·e sexothérapeute pour obtenir de l'aide et des conseils adaptés à votre situation.

Exercice

Comment mieux communiquer ?

Si communiquer est plus ou moins facile pour toi, ce n'est pas forcément le cas pour ton, ta ou tes partenaires ou la·les personnes qui partagent ta vie. Quoi de mieux qu'un jeu pour aborder certains sujets difficiles ou que toi ou iels n'arrivent pas à aborder en temps normal ? Reprends ta paire de ciseaux et ton stylo, c'est parti !

Note sous forme de questions, sur différents papiers, les sujets que tu aimerais aborder avec ton, ta ou tes partenaires et mélange-les. De temps en temps, tirez un papier et échangez sur le sujet. Comme pour tous les exercices de ce genre, n'hésitez pas à ajouter des questions au fur et à mesure du temps qui passe. Pour te donner quelques pistes, voici des exemples de questions.

- Quel est le lieu le plus insolite dans lequel tu as eu une relation sexuelle ?
- Que trouves-tu surcoté dans la sexualité ?
- Que trouves-tu sous-coté dans la sexualité ?
- Quel bon conseil donnerais-tu pour un beau rendez-vous érotique avec ton·ta bien-aimé·e ?
- As-tu déjà fait l'amour sans en avoir envie ? Si oui, pourquoi l'as-tu quand même fait ?
- As-tu eu une éducation sexuelle ? Par qui et qu'est-ce que cela t'a apporté ?

- As-tu déjà simulé pendant une relation ? Pourquoi ?
- Tous les fantasmes sont-ils bons à partager ?
- Quelle est la différence entre l'intimité et la sexualité ?

PETIT TIPS:

N'hésite pas à créer des questions avec des ami·e·s lors d'une soirée, il y a toujours des bonnes idées qui fusent. Si tu n'as pas la main créative, tu peux bien sûr te procurer un jeu déjà fait comme Discultons ou encore Sextalk qui ne sont pas des jeux pour mettre en pratique, mais bien pour dialoguer et échanger sur des sujets intimes et/ou sociétaux.

Exercice

Ma sexualité en couleurs

Dans la première partie du carnet, tu as réalisé ton portrait chinois. Dans ce portrait, tu as donné à ta sexualité une couleur (celle-ci a d'ailleurs peut-être changé entre-temps ?). Je t'invite à développer une page de ta couleur, coloriage, collage, dessins, photos, mots, etc. Remplis cette page de la manière dont tu le souhaites tout en gardant en tête la couleur de ta sexualité.

La symbolique des couleurs en sexothérapie peut être explorée pour aider à comprendre les aspects psychologiques, émotionnels et relationnels de la sexualité humaine. Voici un paragraphe pour chaque couleur courante, qui explique leurs significations symboliques dans ce contexte.

- **Rouge** : le rouge est souvent associé à la passion, à la sensualité et à l'énergie sexuelle. En sexothérapie, cette couleur peut être utilisée pour encourager l'exploration et la revitalisation de la sexualité. Elle symbolise l'excitation et l'attraction entre les partenaires.
- **Rose** : le rose est généralement lié à la douceur, à l'amour et à la tendresse. En sexothérapie, il peut être utilisé pour promouvoir la communication et l'intimité émotionnelle dans une relation. Cette couleur représente la connexion affective entre les partenaires.
- **Bleu** : le bleu est souvent associé à la confiance, à la détente et à la communication. En sexothérapie, il peut être utilisé pour encourager la communication ouverte sur les besoins, les désirs et les limites sexuelles. Il symbolise la confiance et la compréhension mutuelles.
- **Violet** : le violet est lié à la créativité, à la spiritualité et à la transformation. En sexothérapie, il peut être utilisé pour explorer la dimension spirituelle de la sexualité et encourager l'ouverture à de nouvelles expériences. Il représente la recherche de sens dans la sexualité.

- **Jaune** : le jaune est associé à la joie, à la vitalité et à la spontanéité. En sexothérapie, il peut être utilisé pour encourager le plaisir et l'exploration ludique dans la sexualité. Il symbolise la joie et la légèreté dans la vie sexuelle.
- **Noir** : le noir peut évoquer le mystère, la sensualité et la sexualité cachée. En sexothérapie, il peut être utilisé pour explorer les fantasmes et les désirs plus sombres, en encourageant une compréhension saine des aspects plus complexes de la sexualité.
- **Orange** : l'orange est souvent associé à la chaleur, à la créativité et à la spontanéité. En sexothérapie, cette couleur peut être utilisée pour encourager l'expression de la créativité sexuelle et l'exploration de nouvelles expériences. Elle symbolise la passion et l'excitation dans la sexualité.
- **Vert** : le vert est lié à l'harmonie, à la croissance et à l'équilibre. En sexothérapie, il peut être utilisé pour promouvoir l'harmonie sexuelle au sein d'une relation, en mettant l'accent sur l'équilibre des désirs et des besoins des partenaires. Cette couleur symbolise la paix et la croissance dans la vie sexuelle.
- **Marron** : le marron évoque la stabilité, la terre et la sécurité. En sexothérapie, il peut être utilisé pour explorer les questions de sécurité émotionnelle et physique dans une relation sexuelle. Il symbolise la confiance et le bien-être dans la sexualité.
- **Blanc** : le blanc est associé à la pureté et à l'innocence. En sexothérapie, il peut être utilisé pour explorer les idées préconçues et les croyances autour de la sexualité, en encourageant un regard neutre et une réflexion sur les normes sociales.

Vois-tu une corrélation entre la ou les couleurs que tu as choisies et ta manière de voir ta sexualité ?

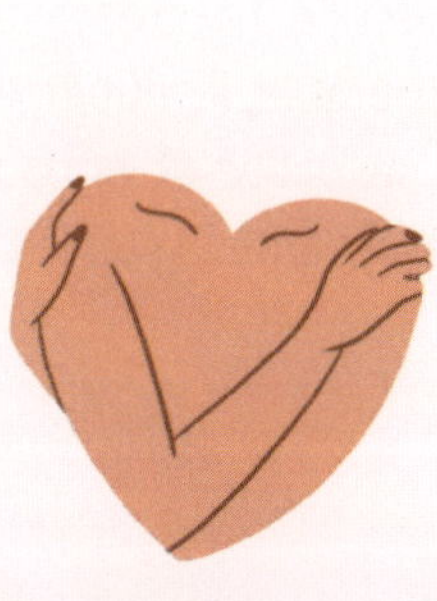

TON EXERCICE

Exercice

Retour vers le passé

Voyageons dans le temps et observons. Je te propose de feuilleter ton carnet les yeux fermés et de l'ouvrir à une page. Relis ton exercice ou l'exercice le plus proche de cette page. Je t'invite à tirer une leçon ou un apprentissage de cet exercice. Tu peux le commencer en te disant : « Ce jour-là… j'ai tiré cette conclusion de mon introspection… »

Recommence avec trois pages différentes et trois exercices. Que peux-tu dire des leçons que tu as tirées de ceux-ci ?

TON EXERCICE

Ce jour-là… j'ai tiré cette conclusion de mon introspection…

Ce jour-là… j'ai tiré cette conclusion de mon introspection…

Ce jour-là… j'ai tiré cette conclusion de mon introspection…

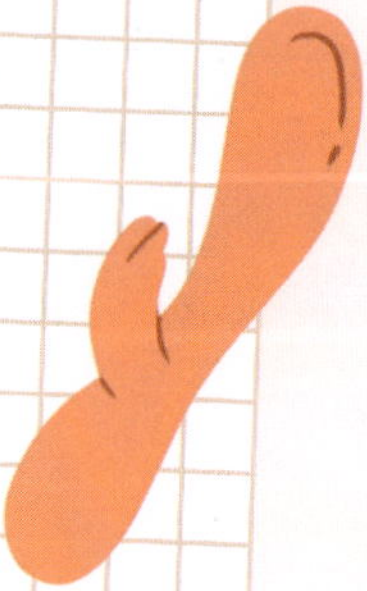

UN BILAN S'IMPOSE

Depuis un moment, tu travailles sur toi et tes relations avec ta sexualité et avec les autres, il est temps de faire le bilan global de ton introspection et de ton évolution. Feuillette ton carnet avant de répondre aux questions qui suivent.

- Quel a été ton exercice préféré et pourquoi ?
- Quel exercice as-tu eu le plus de mal à faire ?
- Quel est le sujet sur lequel tu as le plus appris et/ou évolué à travers ton carnet ?
- Est-ce que quelque chose a changé en toi ?
- Est-ce que tu observes des changements dans ta relation avec les autres ?
- Tu te rappelles le petit quiz auquel tu as répondu au début de ton carnet ? Et si tu le refaisais et que tu les comparais pour suivre ton évolution ?

NOTES PERSONNELLES

QUIZ

À quel point es-tu connecté·e à ta sexualité ?

Comment ressens-tu ta connexion à ta sexualité ?

- ✗ Je ne suis pas du tout connecté·e.
- ♥ J'ai du mal à me sentir connecté·e et à lâcher prise.
- ★ Je ressens un manque de connexion mais j'essaye de travailler dessus.
- ◖ Je me sens bien dans ma sexualité.

Quel est ton rapport avec ton corps ?

- ★ Il me plaît mais sans plus.
- ♥ J'ai des complexes et je n'arrive pas à passer outre.
- ✗ Je ne l'aime pas.
- ◖ J'adore mon corps.

Dans quelle mesure as-tu du temps pour toi-même dans ton quotidien ?

- ♥ Pas assez, j'aimerais en avoir plus.
- ✗ Pas de temps pour moi du tout.
- ◖ J'ai du temps pour moi et pour m'épanouir.
- ★ J'ai le temps qu'il me faut.

Comment vois-tu ta relation avec les autres dans l'intimité ?

- ◖ Je suis ouvert·e à toutes les discussions.
- ♥ J'aime échanger mais parfois je suis bloqué·e.
- ✗ Pas terrible, j'ai du mal à m'ouvrir.
- ★ Ça va, ni bonne ni mauvaise.

Ressens-tu des blocages autour de ta sexualité ?

◖ Pas du tout.
★ Un peu, de temps en temps.
♥ J'ai beaucoup de blocages.
✗ Je suis totalement bloqué·e sur certains sujets, j'ai l'impression de ne jamais m'en sortir.

Arrives-tu à exprimer tes besoins et tes envies ?

◖ Oui, toujours.
✗ Non, pas trop.
♥ De temps en temps, mais j'ai du mal.
★ Ça dépend des sujets.

Es-tu à l'aise avec le fait de parler de sexualité en général et avec ton, ta ou tes partenaires ?

♥ Ça va si ce n'est pas trop intime.
✗ Non, j'ai du mal.
★ Plutôt oui.
◖ Je n'ai aucun tabou.

As-tu reçu une éducation sexuelle dans ta famille ou à l'école ?

◖ J'ai toujours eu une éducation intime.
♥ Juste un petit peu.
✗ Pas du tout.
★ Les bases.

Si tu devais noter ton épanouissement sexuel en ce moment ?

◖ Entre 8 et 10.
♥ Entre 5 et 7.
★ Entre 2 et 4
✗ En dessous de 2.

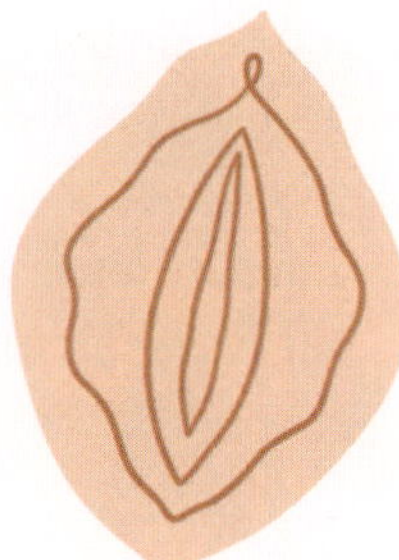

RÉSULTATS

TU AS UNE MAJORITÉ DE ✗

Tu as du mal à te connecter à tes envies et à ta sexualité, tu as besoin d'apprendre à penser à toi, à mettre des mots sur tes problématiques et à définir tes envies.

TU AS UNE MAJORITÉ DE ♥

Tu écoutes tes envies et tes besoins, mais tu ne sais pas forcément comment les exprimer. Tu as besoin d'aide pour faire du tri dans ce qui te définit et apprendre à faire de la place pour te connecter à ton énergie.

TU AS UNE MAJORITÉ D'★

Tu sais déjà ce que tu aimes et ce qui te fait vibrer dans ta sexualité. Tu as peut-être besoin d'un petit coup de pouce parfois pour approfondir ta connexion avec toi-même et booster ta confiance en toi.

TU AS UNE MAJORITÉ DE ◖

Tu es parfaitement connecté·e à ton énergie, à tes besoins, à tes envies et tu sais les exprimer. Continue d'apprendre et de développer ta connexion avec toi-même et avec les autres. Tu es sur la bonne voie.

Compare les résultats de ton quiz en début de carnet et celui-ci ! Est-ce que les résultats sont différents ?

Il est temps de clore ce chapitre que nous avons construit ensemble – enfin, surtout toi ! Félicitations d'avoir ouvert ce livre et d'avoir débuté cette lecture. Félicitations d'avoir pris un crayon dans la main pour apprendre à écrire sur toi et sur tes ressentis. Ce n'est jamais facile et c'est toujours à célébrer quand on y arrive. Si tu penses que je n'ai fait que t'accompagner ou te guider, ne serait-ce qu'un tout petit peu sur ce chemin de l'introspection et de la reconnexion, je t'avoue que l'écrire et l'organiser pour toi était mon exercice à moi ! La sexualité et la compréhension de son corps sont loin d'être un long fleuve tranquille, alors se connecter à lui, n'en parlons pas ! Tu ne réussiras pas toujours du premier coup à te connecter à ton corps ou à celui de quelqu'un·e d'autre, et ce n'est pas grave. Si tu rencontres des difficultés, parcours ton carnet une nouvelle fois, refais certains exercices, apprends à t'écouter un peu plus et à prendre du temps pour toi, mais surtout : regarde en arrière et observe le chemin parcouru !

Louise

Ressources utiles

QUI CONSULTER ?

Si le problème est plus profond ou si tu n'arrives pas à gérer une problématique seul·e, il est important de consulter un·e professionnel·le pour t'aider. Ce n'est pas toujours facile de faire le premier pas ni de trouver un·e bon·ne praticien·ne. Je te donne quelques conseils pour que tu puisses y voir plus clair.

Le·la **sexothérapeute** n'a pas fait d'études de médecine et ne peut donc pas faire d'auscultation. Iel n'est pas un médecin de la sexualité, son rôle est plus celui d'un·e conseiller·ère conjugal·e ou d'un·e psychologue que de soigner les maladies sexuelles. Les sexothérapeutes ne sont pas habilité·e·s à prescrire des médicaments et actes médicaux.

Un·e **sexologue** est un médecin de formation qui a suivi un cursus supplémentaire de trois ans en se spécialisant dans la sexualité. Le·la sexologue est habilité·e à prescrire des médicaments et des actes médicaux, et peut également, quand cela est nécessaire, pratiquer la chirurgie. Les sexologues se préoccupent des maladies sexuelles, donc physiologiquement, contrairement aux sexothérapeutes qui traitent uniquement de l'aspect psychologique du trouble sexuel.

Le·la **gynécologue** est un·e spécialiste de la bonne santé de l'appareil reproducteur féminin. Comme la sage-femme, le·la gynécologue s'occupe de la contraception, des maladies sexuellement transmissibles et du dépistage. L'équivalent est l'andrologue pour l'appareil reproducteur masculin.

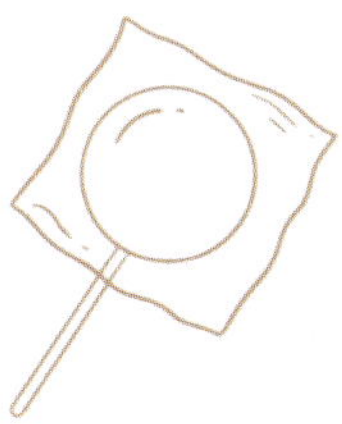

La **sage-femme** ou le **maïeuticien** est le·la professionnel·le de santé de référence de la femme enceinte mais également du suivi gynécologique, comme un·e gynécologue. Iel ne prend pas en charge les patient·e·s avec des maladies liées à l'appareil sexuel féminin. Le travail de la sage-femme ou du maïeuticien peut également être complété par celui d'une doula, qui accompagne le couple ou la femme enceinte dans sa grossesse en tant que support pour toute la partie qui ne touche pas à la gynécologie, soit le bien-être et les conseils.

Si tu fais partie de la communauté LGBTQIA+ ou si tu souhaites trouver un·e praticien·ne de confiance, n'hésite pas à regarder les avis sur le Net, notamment concernant le·la praticien·ne ou à chercher le·la tien·ne sur des sites consacrés à ce sujet pour une prise en charge *safe*.

À propos de l'autrice

Louise Brunet est une professionnelle de la santé féminine, reconnue pour sa passion et son expertise en naturopathie spécialisée et en sexothérapie. Diplômée en naturopathie et en sexothérapie, elle a consacré sa carrière à aider les femmes à trouver l'épanouissement dans leur santé, leur sexualité et leur bien-être.

© Solenne Jakovsky.

Créatrice du compte Instagram et du blog « La Féminologie » depuis cinq ans, Louise partage ses connaissances, astuces et conseils inspirants. Avec une communauté de 45 000 abonné·e·s sur les réseaux sociaux, elle a incité des milliers de femmes à chercher des réponses à leurs questions intimes et à répondre à celles-ci.

Louise est également une autrice prolifique, avec plusieurs livres à son actif sur la santé des femmes et la sexualité. Son travail éclairé et engageant offre des réponses concrètes et des solutions pratiques pour les femmes.

En plus de son travail en ligne, Louise propose des accompagnements personnalisés pour aider les femmes à mieux comprendre leur cycle féminin, à faire des choix éclairés en matière de contraception et à améliorer leur santé globale. Elle incarne la fusion de la santé, de la sensualité et de la confiance en soi, apportant un message d'espoir et de transformation aux femmes de tous horizons, et en étant très engagée sur le féminisme et la communauté LGBTQIA+.

Tu peux suivre son travail sur les réseaux sociaux via @la.feminologie sur Instagram ainsi que sur la page Facebook du même nom. Tu peux aussi découvrir ses accompagnements en distanciel sur son site :

www.lafeminologie.com

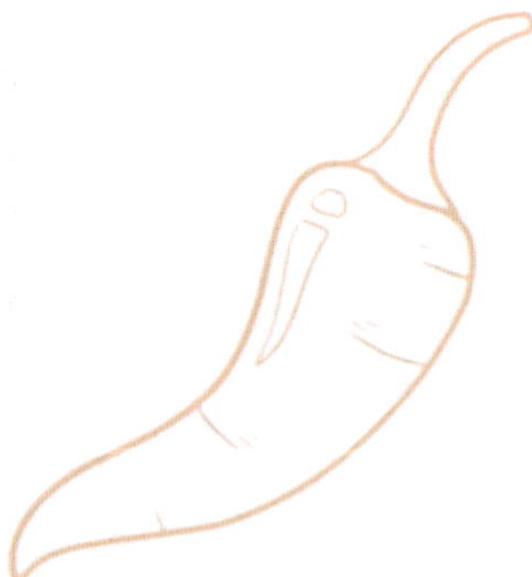

À propos de l'illustratrice

Graphiste-illustratrice, **Marion Blanc** a un univers onirique dans lequel elle aime représenter le féminin et la nature avec de la douceur, mais aime traiter toutes sortes de sujets.

Elle essaie de faire passer des émotions à travers son travail et de toujours apporter une touche de sensibilité. Elle accorde une grande importance au choix des couleurs dans ses créations.

Portfolio : www.behance.net/marionblanc
@paulinacholeva

NOTES PERSONNELLES

NOTES PERSONNELLES

NOTES PERSONNELLES

NOTES PERSONNELLES

NOTES PERSONNELLES

NOTES PERSONNELLES

NOTES PERSONNELLES

pcacmb
édition pré-presse
livres numériques

44400 Rezé

IMPRIM'VERT®

Achevé d'imprimer en juillet 2024 sur les presses de la SEPEC en France
Numéro d'impression : 27315240504

PEFC
10-31-1470
Certifié PEFC
Ce produit est issu de forêts gérées durablement et de sources contrôlées
www.pefc-france.org